安徽师范大学“一流本科课程”孵化建设项目
“思想道德修养与法律基础”阶段性成果

安徽师范大学丙辉思政工作室建设项目阶段性成果

# 大学生
# 思想道德修养

DAXUESHENG
SIXIANG DAODE XIUYANG

路丙辉　项家春◎主编

安徽师范大学出版社
ANHUI NORMAL UNIVERSITY PRESS
·芜湖·

**图书在版编目(CIP)数据**

大学生思想道德修养 / 路丙辉,项家春主编. — 芜湖:安徽师范大学出版社,2020.9(2023.9重印)
ISBN 978-7-5676-4731-2

Ⅰ.①大… Ⅱ.①路… ②项… Ⅲ.①大学生—道德修养 Ⅳ.①G641.6

中国版本图书馆CIP数据核字(2020)第173779号

大学生思想道德修养

路丙辉 项家春◎主编

责任编辑:陈 艳
责任校对:谢晓博
装帧设计:丁奕奕
责任印制:桑国磊
出版发行:安徽师范大学出版社
芜湖市九华南路189号安徽师范大学花津校区
网 址:http://www.ahnupress.com/
发 行 部:0553-3883578 5910327 5910310(传真)
印 刷:苏州市古得堡数码印刷有限公司
版 次:2020年9月第1版
印 次:2023年9月第3次印刷
规 格:700 mm × 1000 mm 1/16
印 张:12
字 数:189千字
书 号:ISBN 978-7-5676-4731-2
定 价:38.00元

# 目　录

# 绪 论

思想道德修养课创建于20世纪80年代初期，是高校思想政治教育工作为适应改革开放的新形势，实行自身改革的产物。在三十多年的发展过程中，大约经历了创建、发展、相对稳定和整合提高四个阶段。

创建阶段大约从改革开放之初到1982年。党的十一届三中全会召开以后，在解放思想、拨乱反正、推行改革开放政策的历史潮流中，大学生的思想道德观念发生了许多变化，出现了一系列关于社会、人生、理想、道德的新问题。这些问题关系着大学生的健康成长，客观上迫切需要学校的领导和老师们作出系统、有说服力的回答，这种形势使得高校的思想政治教育工作面临着新的挑战和考验。它一方面要求高校切实加强思想政治教育工作，另一方面要求思想道德修养课改进和充实新的内容，采用大学生喜爱的新形式。在这种情况下，一些高校的领导和老师大胆探索思想政治教育的新途径、新方法，开始采用系列讲座的形式与大学生一道讨论学生关心的社会和人生问题，使学生从中受到启发和教育，思想道德修养作为一门课程应运而生。

发展阶段大约从1982年到20世纪80年代末。1982年，教育部总结了一些高校开设思想道德修养课程的经验，提出了在高等学校全面开设共产主义思想品德课程的要求，并就课程的内容、形式、教师队伍、教学机构以及经费支持等，作出了明确的规定。此后，共产主义思想品德课程在全国高等学校陆续开设，并很快发展起来。经过几年的建设，思想品德课作为一门新兴学科，开始跻身于大学教育的课程体系，并被作为必修课程列入教学计划。到了20世纪80年代末，根据当时国家教委的指示，高校思想政治理论课被分解为五门课程，即“形势与政策”“大学生思想修养”“人生哲理”“职业道德”“法律基础”。

相对稳定阶段始于20世纪90年代初。在全面总结以前课程建设经验的基础上，国家教委又将过去的五门课程合并成三门课程，即“形势与政策”“思想道德修养”“法律基础”，同时要求有关高校结合专业特点开设职业道德课，并将课程正式定名为“高校思想品德”课。在原来的“大学生思想修养”“人生哲理”“职业道德”三门课程的基础上合并而成思想道德修养课。1998年，中共中央宣传部和教育部联合颁发了《关于普通高等学校“两课”课程设置的规定及其实施工作意见》（又称98方案），为“两课”的稳定发展和规范化、正规化建设指明了方向。

整合提高阶段始于2005年，为贯彻落实《中共中央国务院关于进一步加强和改进大学生思想政治教育的意见》（中发〔2004〕16号）和全国加强和改进大学生思想政治教育工作会议精神，充分发挥高等学校思想政治理论课在大学生思想政治教育中的主渠道作用，中宣部和教育部颁发了《中共中央宣传部、教育部关于进一步加强和改进高等学校思想政治理论课的意见》（又称05方案），对高等本科院校的思想政治理论课的课程设置进行了调整。新的方案将原来的“两课”改为“马克思主义基本原理”“毛泽东思想、邓小平理论和‘三个代表’重要思想概论”“中国近现代史纲要”“思想道德修养与法律基础”四门必修课程。其中，“思想道德修养与法律基础”课是一门融思想性、政治性、知识性、综合性和实践性于一体的课程，专门在大学一年级学生中开设，为大学新生尽快融入大学生活，开始人生新阶段提供了理论的指导。在一些开设思想政治教育专业的师范类院校，为了让该专业的同学能够更好地掌握相关内容，将来进入社会、走上教师工作岗位能更好地胜任一名政治课教师的职责，专门将“思想道德修养与法律基础”分开设置，作为两门专业必修课。这一阶段作为公共必修课的“思想道德修养与法律基础”课成为高等学校思想政治理论课课程体系的重要组成部分，而作为思想政治教育专业学生专业必修课的“大学生思想道德修养”课也得到了整合与提高。

《思想道德修养与法律基础》一书自出版后，根据时代背景、党和国家对教育和青年大学生的要求进行了多次修订。特别是2017年底到2018

年初，在中国特色社会主义新时代的背景下，中宣部、教育部组织马克思主义理论研究专家、学者对《思想道德修养与法律基础》再次进行了全面修订，将习近平新时代中国特色社会主义思想、党的十九大精神、《中华人民共和国宪法修正案》准确、全面、充分地反映到教材中，使其更加符合师生教与学的需求，符合新时代大学生的认知特点。

## 第一节 “大学生思想道德修养”课的性质和任务

### 一、“大学生思想道德修养”课的性质

在学校教育中，一门课程的性质是由该门课程的方向和内容决定的，而课程方向和内容又是由人才的培养规格决定的。因此，一门课程的性质归根到底取决于学校的培养目标。自古以来，学校的培养目标都是根据当时社会制度的性质、统治阶级的意志以及社会发展的实际需要而设定的。在特定的历史时代，在学校教育的课程体系中，能够集中反映社会制度和统治阶级意志的总是政治与思想道德教育方面的课程。这类课程是区分学校教育的阶级属性和时代特征的重要标志，体现了学校教育的办学方向。

在我国，根据党的教育方针所规定的培养目标，高校各个专业的课程体系设置都有德育、智育、体育三个基本层次，思想政治理论课是高校对大学生进行马克思主义世界观和人生价值观、道德观教育的主要渠道和基本环节，集中体现了我国高等教育的社会主义办学方向。

“大学生思想道德修养”课属于高校思想品德课范畴，为思想政治教育专业的大一学生专门开设，对刚刚告别中学生活的大学新生起着“承上启下”和“先入为主”的奠基与导向作用，影响着大学生四年的学习生活乃至今后的人生道路。由于这门课程密切联系社会和大学生的思想实际，现实性和针对性强，因而学好这门课程对于大学生学好其他思想政治理论课程，都是有帮助的。

## 二、“大学生思想道德修养”课的任务

从根本上说，“大学生思想道德修养”课的任务是：以马克思列宁主义、毛泽东思想、中国特色社会主义理论体系为指导，针对大学生成长过程中面临的思想道德问题，有效地开展马克思主义的世界观、人生观、价值观、道德观的教育，帮助大学生提高思想道德素质，成长为德智体美劳全面发展的社会主义事业的合格建设者和可靠接班人。具体来说，可以从以下几个方面来理解：

第一，帮助大学生了解大学教育及大学集体生活的基本规律，做一名合格大学生必备的学习能力、人际交往能力，明确自己成长和发展的目标。

大学教育是高级专业教育，专业教育与大学生的成才和发展直接相联系，毕业以后干什么对每一个大学生来说都是必须面对的现实问题。因此，大学生应该适时、正确地了解大学、了解自己，做到知己知彼、目标明确、有的放矢。帮助大学生正确认识大学、认识自己，以度过这个重要的转折时期，正是“大学生思想道德修养”课的一项重要任务。

第二，帮助大学生提高对改革开放和在发展社会主义市场经济的历史条件下弘扬社会主义道德的认识，深入理解“以德治国”的思想内涵，倡导践行“爱国守法、明礼诚信、团结友善、勤俭自强、敬业奉献”的基本道德规范，加强社会公德、职业道德、家庭美德和个人品德教育，自觉培养为人民服务和集体主义的思想道德观念，继承和发扬中华民族优良的道德传统，逐步形成高尚和健康的道德人格，从道德上做坚定的爱国者，并学会正确分析和认识现实社会中的道德现象。

道德是一种特殊的社会意识形态，它通过社会舆论、传统习惯和人们的内心信念，营造和谐的人际关系和培养良好的道德风尚，从而为国家民族的繁荣昌盛和个人的健康成长提供必要的条件。在中学时代，学生在接受学校道德教育的同时，又接受着家庭道德教育。学校道德教育由于受到应试教育的影响，多数只是关于道德知识的灌输；家庭道德教育由于受到家长自身素质的制约，总是千差万别的。这两种因素的共同影响，使得我国现在的中学生在道德品质的养成方面存在着参差不齐的

现象。大学生的学习和生活环境已经有了根本性的变化，他们具备了系统了解和掌握道德知识的基本要求和逐步完善道德人格的良好条件，“大学生思想道德修养”课就是为提供这种条件服务的。

第三，帮助大学生理解人生观和价值观的基本内容，明确人生目的，端正人生态度，剖析和识别个人主义、拜金主义与享乐主义等各种错误、落后的人生价值观，树立社会主义、共产主义的理想和信念，增强历史使命感。

人生观和价值观是世界观和历史观的重要组成部分，大学生在接受马克思主义理论课教育、树立马克思主义世界观和历史观的同时，应当逐步确立为人民服务和集体主义的人生观和价值观。一个人的人生观和价值观问题是影响其一生的根本问题，解决得好会终生受益，反之则终生受困。20世纪80年代以来，人生价值观问题一直是大学生关注和思考的一个热点问题。在这期间，许多大学生接受了真理，但也有一些大学生由于受各种错误思潮的影响，也接受了谬误。因此，他们在毕业之后便走上了不同的人生道路：有的充分施展自己的才华，实现着自己的人生价值；有的则一蹶不振，碌碌无为，甚至走向自己和社会的反面。

第四，帮助大学生培育和践行社会主义核心价值观。提高思想道德素质，最根本的是要建设社会主义核心价值体系，培育和践行社会主义核心价值观。

社会主义核心价值体系的基本内容包括：马克思主义指导思想、中国特色社会主义共同理想、以爱国主义为核心的民族精神和以改革创新为核心的时代精神、社会主义荣辱观。这四个方面的内容各具功能、各有侧重，相互联系、不可分割，是有机统一的整体。马克思主义指导思想作为社会主义核心价值体系的灵魂，解决的是举什么旗的问题，是整个社会主义核心价值体系的理论基础，居于统领地位；中国特色社会主义共同理想作为社会主义核心价值体系的主题，解决的是走什么道路、实现什么目标的问题；民族精神和时代精神作为社会主义核心价值体系的精髓，解决的是应当具备什么样的精神状态和精神风貌的问题；以“八荣八耻”为主要内容的社会主义荣辱观作为社会主义核心价值体系的基础，解决的是人们行为规范的问题，它以基本行为规范的方式涵盖了社会主义核心价值体系其他三个方面的内容，并使之具体化，从而让社会主义核心价值体系落到实处有所依托，人们践行有所遵循。社会主义核心价值体系回答了我国意识形态领域的根本问题，体现了我国最广大人民的根本利益，是一个结构完整、逻辑缜密的科学体系。

党的十八大报告用“三个倡导”来概括社会主义核心价值观的基本理念：“倡导富强、民主、文明、和谐，倡导自由、平等、公正、法治，倡导爱国、敬业、诚信、友善，积极培育和践行社会主义核心价值观。”这“三个倡导”，言简意赅、通俗易懂，但不是对一些流行的价值观念的简单堆砌，而是体现了社会主义核心价值体系的本质要求。

大学生成长成才和全面发展，离不开正确价值观的引领，既要深刻领会社会主义核心价值体系的科学内涵，更要自觉践行社会主义核心价值观。正如习近平指出：“这就像穿衣服扣扣子一样，如果第一粒扣子扣错了，剩余的扣子都会扣错。人生的扣子从一开始就要扣好。”[①]对大学生而言，就是要切实做到勤学、修德、明辨、笃实，使社会主义核心价值观成为自身一言一行的基本遵循。

总而言之，“大学生思想道德修养”课的任务是帮助大一新生尽快适应大学新生活，顺利实现德智体美劳全面发展的培养目标。

## 第二节　“大学生思想道德修养”课的基本内容与特点

### 一、“大学生思想道德修养”课的基本内容

“大学生思想道德修养”课的内容是根据这门课的任务设计的，基本内容由三个部分组成。

第一部分是适应教育。适应教育的中心内容，是阐述如何尽快适应由中学到大学的环境转变和由中学生到大学生的角色转换。具体来说，

①《习近平谈治国理政》，外文出版社2014年版，第172页。

这部分内容有如下几个方面：一是介绍大学教育的社会价值及其历史发展过程，我国高等教育的改革与发展，以及大学教育与人的发展和成才的关系，帮助大学一年级学生认清面临的新的人生机遇与挑战。二是指导学生学会思考，培养学生独立思考、分析问题和解决问题的能力，树立正确的学习观。三是阐述大学集体生活的特点以及如何营造良好的人际环境等问题。以上每一部分内容在阐述过程中都注意到大学与中学、大学生与中学生的差别和联系，以帮助大学新生实现这两个转变。

第二部分是道德教育。这部分内容是围绕弘扬社会主义道德展开的，重点是关于道德的一般知识和理论问题、社会主义道德体系的核心和基本原则、中华民族优良传统道德和革命传统道德的基本内容，以及爱国主义的基本特征和做忠诚的爱国者的基本要求。

第三部分是人生观和价值观教育。这部分内容涉及人生目的、人生态度、人生价值、人生理想和信念。其中，正确理解人生价值最为重要，因为人生观和价值观错误，人生目的和人生理想就不可能是合理的、科学的，人生态度作为一种行为倾向也就失去了可靠的思想道德基础，人生信念就必然会出现偏差。这部分内容需要我们特别注意。根据青年大学生入学后的实际情况，我们在编排上不是简单地遵循理论的逻辑，而是以大学生的实际需要为逻辑线索渐次展开。

## 二、“大学生思想道德修养”课的特点

“大学生思想道德修养”课与其他专业普遍开设的思想政治理论课程相比，既不同于马克思主义理论课程，也不同于思想品德课程系列的“形势与政策”课和“法律基础”课，它具有如下一些重要特点：

第一，综合性强。科学史表明，原来几乎浑然一体的人文社会科学在经历了近代科学分门别类、独立发展的实证阶段以后，到了现代又出现了新的发展趋势——新的分化和综合，由此而产生了一些更为“专门”、综合性更强的新学科。“大学生思想道德修养”课体现了这种新的发展趋势。它在马克思主义科学方法论的指导下，尽可能多地采用了教育学、伦理学、心理学、社会学以及思维科学的知识和方法，从不同侧

面对大学生思想道德修养方面的一系列问题进行分析和阐述。

第二，现实性和针对性强。如前所述，“大学生思想道德修养”课是高校思想政治教育实行改革的产物，它的内容是立足于大学生所关注的中国的社会现实和人生问题，紧密联系大学生的思想实际设计的，做到正视现实，从实际出发，不回避问题。这门课同样重视一些理论观点的阐述，但它所阐述的理论观点都是为了帮助大学生正确认识自己所关注的社会现实，解决他们思想上的实际问题，而不是将理论仅仅作为一般的知识灌输给学生。从这一点来看，“大学生思想道德修养”课是一门帮助思想政治教育专业的大学生正确理解社会和人生、正确认识自己的课程。

第三，教学方法灵活，富有吸引力。现实性和针对性比较强的特点，要求“大学生思想道德修养”课改革教学方法。由于一般的专业课程都比较注重理论和知识的系统性，所以在课堂教学中比较注意理论和知识的系统传授。而“大学生思想道德修养”课在内容设计上，更强调的是现实性和针对性，能解决大学生思想上的实际问题。所以，教师在教学过程中可以充分利用这一特点，紧密联系社会现实和学生思想实际进行备课，组织课堂教学，采用师生对话或讨论、学生辩论或演讲、访问或调查，以及让学生走上讲台等方法，增强这门课的吸引力。

## 第三节　学习“大学生思想道德修养”课的意义与方法

### 一、学习“大学生思想道德修养”课的意义

总的来说，学习“大学生思想道德修养”课的意义在于：帮助学生在思想道德方面获得新的进步，优化学生的思想品德，促使学生成为德智体美劳全面发展的合格人才。具体来说，可以从如下几个方面来理解：

一是有助于青年大学生把握大学教育这个成才的极好机遇。经过紧张的中小学学习和高考竞争，不少同学都有松口气的思想，而这时的实际境遇恰恰要求学生必须尽快适应大学生活的新环境，把握住这个极好

的成才机遇。大学生活短短几年，转瞬即逝，能否有一个良好的开端至关重要，这一点是许多大学生始料不及的。学习这门课程，可以及时克服麻痹思想、松劲心态，以及环境变化给大学新生带来的学习、情感、心理等方面的不适，帮助大学生尽快适应新生活。

二是有助于青年大学生发展非智力因素。从心理学的角度看，人的素质结构由两个基本部分构成：一是智力因素，二是非智力因素。前者主要包括观察力、记忆力、思维力、想象力等，后者主要是指兴趣、情感、意志、性格等。非智力因素是衡量人的思想和心理发展水平的主要标志，对学生的成才和事业的成功起着十分重要的作用，在有些情况下甚至起决定性的作用。人类的文明发展史表明，大凡有所作为者，其素质结构中的非智力因素的发展水平都比较高。大学生应当注意培养对自己所学专业的浓厚兴趣、健康的情感、顽强的意志、坚毅的性格，这样才能完成大学期间的学习任务，成为合格的大学生，才能在大学毕业之后适应时代的挑战，做到不骄不躁、不怕挫折，积极地去创造和实现自己的人生价值。

三是有助于青年大学生纠正自我认识上的一些偏差。人作为认识主体，不仅把相对独立于主体之外的一切事物作为认识的客体，也把主体自身作为认识的客体，后一种认识便产生了自我认识。经验证明，人认识自己要比认识外部世界困难些，自我认识时常会出现脱离自身实际甚至与自身实际相背离的情形，这就叫自我认识上的偏差。在大学生中，这种问题同样存在。自我认识偏差的危害在于，对人的发展会产生误导，甚至会使人陷入误区而不能自拔。人的自我认识之所以会产生偏差，是由自我认识活动的特点决定的。自我认识，自己把自己作为认识对象，这种认识活动显然会受到个人情感和意愿的影响；受到认识主体与认识客体之间的“零距离”所导致的“近视症”的影响，即“不识庐山真面目，只缘身在此山中”；受到认识感官由习惯的“外视型”转为“内视型”所产生的不适应的制约；等等。学习“大学生思想道德修养”课，特别是学习关于人生观价值观等方面的内容，有助于大学生发现和排除自我认识上的一些偏差，把握好自己在社会生活中的角色。

## 二、学习“大学生思想道德修养”课的方法

学习“大学生思想道德修养”课如同学习其他课程一样，需要采用读书思考、参加第二课堂、注意分析与归纳等一般的学习方法。但作为一门思想道德教育方面的课程，学习这门学科又需要一些独特的方法。

第一，采用交流讨论、辩论等方法，注重思想启迪。我们已经知道，这门学科具有立足实际、从实际出发的特点，这是我们在学习的过程中始终要注意的。因为大学一年级的同学都比较年轻，各人的经历又有所不同，所以在学习和理解这门课的时候，有的会感到开卷有益，有的则可能会感到难以进入角色，在这种情况下开展交流与讨论尤其必要。“三人行，必有我师焉”，这种“师”显然产生于交流与讨论。交流与讨论既可以是课堂上的，也可以是课外的，可以根据实际情况运用多种形式。采用交流与讨论的学习方法，需要克服羞于启齿的心理障碍。中学的应试教育，让学生交流与讨论的机会很少，学生养成了被动接受知识的习惯。克服这种心理障碍并不难，只要勇敢地迈出第一步，以后就会逐步感到轻松自如了。

第二，总结自己的人生经验，注重联系实际。与一般经验一样，人生经验也有两种：一种是间接经验，一种是直接经验。前者来自书本和他人，后者是从自己的亲身经历、感受和体会中总结概括出来的。直接的人生经验往往比间接的人生经验更为重要，因为大学生的人生道路是依靠自己走出来的，将来还要自己走下去。大学生的人生经验虽然大部分属于间接经验，但直接经验也不少，而且随着独立生活道路的延伸，还会越来越多，因此应当注意不断总结自己的人生经验。“大学生思想道德修养”课所提出和分析的问题、阐述的道理，是在总结前人的人生经验的基础上展开的，大学生只有将对这门课的学习与总结自己直接的人生经验结合起来，才可能有深刻的理解。这样不仅可以使自己的人生经验上升到理性的高度，而且还可以使间接的人生经验转化为自己直接的人生经验，从而收到较好的效果。学习理论只有与实际结合起来，才会生动而具体。本课程的内容来源于现实生活，又对现实生活具有指导意义。同学们在学习的过程中，一定要密切联系我国改革开放和社会主义

现代化建设的实际，密切联系社会主义市场经济条件下思想道德建设、民主法制建设的实际，密切联系自身的学习和生活实际，真正领会和掌握本课程的主要内容和精神实质。

第三，加强自身修养，注重知行统一。人类认识和改造世界（包括人类自身）的方法概括起来有三种，即理论的方法、形象的方法、实践的方法。学习作为一种具体的方法，一般属于理论方法的范畴。而学习“大学生思想道德修养”课，则既需要理论的方法，也需要实践的方法。因为这是一门实践性很强的“修身”课，学习的目的在于运用，能否真正学好最终要看大学生是否在学习的同时注意加强自身的修养。从这一点看，加强自身修养本身就是学习“大学生思想道德修养”课的一个最重要的目的。因此，只是抱着应试的态度来学习这门课，肯定是学不好的。本门课具有鲜明的实践性，学习时要把知与行结合起来，把学习与践行结合起来，把学习规范和遵守规范结合起来，使知识转化为内在素质。学习“大学生思想道德修养”课的出发点和落脚点是实践，如果只是单纯地掌握理论知识，而缺乏实际的技能，这样的学习就失去了意义，甚至适得其反。从教育的角度来看，“知行合一”是一个由知到行，再由行到知的不断循环的过程。一方面，要重视理论的作用，通过理论的学习来加快个体主观世界的改造，提升理性思维与综合素质；另一方面，要把理论知识运用于实践，知行统一，言行一致，在实践中去感悟人生的真谛和价值。

最后需要强调指出的是，如同学习其他课程一样，学习“大学生思想道德修养”课不仅要掌握适当的方法，还要抱有正确的学习目的和态度。只有目的明确、态度端正、方法得当，才可能收到最佳的学习效果。

**思考题**

1.“大学生思想道德修养”课的基本内容与特点有哪些？

2.大学生为什么要学习“大学生思想道德修养”课？

3.社会主义核心价值体系的内容有哪些？

# 第一章　把握人生发展新阶段

大学者，研究高深学问者也；大学者，囊括大典，网罗百家之学府者。

——蔡元培

所谓大学者，非谓有大楼之谓也，有大师之谓也。

——梅贻琦

才者，德之资也；德者，才之帅也。

——司马光

进入大学读书是所有读书人的梦想，可一旦走进大学，每个人的感受却常常各不相同。可以说，在大学的天空下，可谓“八仙过海，各显神通”，大学教育成就了一大批人的梦想，为他们的成才成功奠定了坚实的基础。但也有一些人，人生前进的脚步渐渐地缓慢下来，甚至停留在大学的校园里。大学生活是人生的一次转折，有的人转向了康庄大道，也有人却未必如此。同样是上大学，为何结果如此不同？

有一位同学在家信中这样写道：“与中学相比，大学不仅住宿、饮食与在家时不能相比，而且学习也找不到什么感觉。老师来去匆匆，上课有时如倾盆大雨，有时又如蜻蜓点水，并且很少布置预习和复习。更使我感到困惑不解的是，好像没有多少人关心我的这些感受，甚至我的存在。我也不知道如何与班上的同学相处……刚入学时的那种新鲜、兴奋的感觉，正在被一种莫名的惆怅与焦虑所替代。晚上睡在床上，思念故乡之际常问自己：这难道就是我朝思暮想的高等学府？真不知道今后的路怎么走！”

事实上类似的感受，在刚入大学的新生中并不罕见，只是程度轻重不同、时间长短有异而已。出现这种情况的根本原因在于，缺乏对大学教育的准确认识，并且没有及时地转换角色，因而一时不能适应大学的新生活。大量的事实证明，及时适应大学新生活以把握人生发展的新阶段，对大学一年级学生来说十分重要。它不仅会影响大学生大学时期的学习与发展，而且也会影响到今后的人生。

## 第一节　认识新阶段

相对于中小学来说，大学是一个全新的学习与成长的环境，大学新生应当以积极的态度来适应大学的新生活。而要做到这一点，首先需要对大学教育的历史发展有一个较为全面的认识。

### 一、大学教育的历史发展概况

大学教育是以中学教育为基础的，是学校教育的高级阶段。中学教育的主要任务是向学生传授科学文化基础知识，培养和开发学生的智能。国家通过高考进行学生分流，确定学生今后的发展方向。大学教育是进行某个方面的专业知识和专业技能的教育，为社会培养专业人才，教学内容具有明显的专业目的性，并且和各专业发展的前沿问题相接近，体现出“专”与“深”相一致的特点。大学除了培养社会需要的人才之外，还具有从事科学研究、服务社会的职能，承担着推动科学技术不断创新和发展，促进人类社会物质文明与精神文明不断进步的重任。大学的科研既是培养学生成长全过程的有机组成部分，也是提高教师学术水平和教学质量的有力保证。

我国是世界上最早产生学校教育的国家之一，高等教育也有着悠久的历史。《孟子・滕文公上》中记载：“夏曰校，殷曰序，周曰庠；学则三代共之，皆所以明人伦也。”据考证，“校、序、庠”都是当时的乡学即小学，“学”则为国学即古代的大学。殷商时期的“右学”是我国最早的大学，这时的学校并非纯粹的教育机构，教育活动经常与政事活动结合在一起，体现出政教合一的特点，学习的内容主要是礼、乐、射、御、书、数等，着重于思想意识和行为模式的养成，教育的目的是为奴隶制国家培养统治人才，具有鲜明的阶级性。

到了春秋战国时期，我国的教育事业有了突破性的发展，诸子百家争鸣，各自广招门徒，突破了原有的“学在官府”的办学模式，出现了以儒家、墨家为代表的一批“私学”。“私学”的出现使得政教分离，冲破了原先只有贵族子弟才能接受教育的陈规，一般平民因此而获得了接受教育的机会。

汉武帝元朔五年（公元前124年）创立的“太学”，在世界教育史上开创了由中央政府正式审订教材、全国统一教育内容的先河。由于学校教育的发展，学生毕业后可以担任官职，所以学生人数激增。汉元帝时出现分班上课、抽签考试的教学制度。

唐朝是我国封建社会的鼎盛时期之一，大学教育也相应有了很大发展，设立了名为“六馆”的国子学、太学、书学、算学、律学、四门学，出现了分专业的教育，并规定了七年的学制。由于受科举考试制度的影响，学校教育的教学内容与科举考试互相制约，形成了学校的教学内容就是政府科举考试内容的教育格局。但因科举考试不限定于“六馆”学员，这又引发了类似当今“自学考试”的自学的出现。

宋朝的高等教育在唐朝的基础上又有了更大的发展，无论是中央政府设置的大学，还是州县学校、私立学校、书院等，都已出现了比较完整的教学计划，依据不同的专业设置制定了不同的培养目标和教学要求。在办学类型上，也出现了长期招生、短期培训或讲习班性质的不同形式。宋朝的私人办学很多，一个明显的标志就是书院盛行，著名的有白鹿洞书院、岳麓书院、应天府书院、茅山书院等。这些书院，实际上都是私立大学，是由知名学者私人招收门徒、讲学的地方。

到了明代，由于农业、手工业、商业及对外贸易的发展，外国传教士开始流入，因而一些私人创办的学院教学内容也相应发生一些变化，增设了一些学以致用、服务于社会生产的教学内容。例如，《本草纲目》

《河防一览》《天工开物》《农政全书》等，以及西方的天文学、数学、物理学、哲学、建筑学，等等。

清朝的高等教育在鸦片战争前，基本上承袭旧制，甚至在顺治、康熙年间还有过一定的倒退，如规定“不许别创书院，群聚结党”，限制了私人办学。直到雍正十一年（1733年）才下令在各省省会设立书院，但其实质是为科举考试服务的。鸦片战争后，在洋务派的力主之下，本着“中学为体，西学为用”的精神，开始兴办各种外语学校、军事学校、工业技术学校等，一批新式大学也应运而生。1895年创办的“北洋西学学堂”，是我国最早的工科大学，即现在的天津大学。1898年创办了“京师大学堂”，是我国近代第一所国立大学。1911年创办了“清华学堂”，后改名为清华大学。民国以后，又于1919年创办了中国最早的新式私立大学，即“南开大学”。这些学校的出现，极大地振兴了我国的高等教育。而随着帝国主义的入侵，帝国主义列强也在中国领土上办起了各类“教会大学”，大量引进西方的教学课程，并加强了西方资产阶级思想的影响。当时，美国伊里诺大学校长詹姆士在致美国总统的备忘录中写道：哪一个国家能做到教育这一代年轻的中国人，哪一个国家就由于这方面所付出的努力而在精神的和商业的影响上，取回最大可能的收获。帝国主义国家在中国办大学自然是为推行其文化殖民侵略的政策，但在客观上也促进了中国高等教育的发展。

由于受社会制度和经济落后因素的制约，旧中国的高等教育发展相当缓慢。新中国成立之前，全国大学仅有205所，在校学生数只有11.64万人。从中国高等教育的发展史看，尽管我们的高等教育的产生早于西方国家，但因其主要是以“学而优则仕”为教育方针和培养目标，以人文社会科学为基本的教育教学内容，远离了社会生产和科学技术发展的需要，所以在近代发展的意义上渐渐地落在了西方高等教育的后面。

大约在公元前6世纪，古希腊最早创办了大学，主要是为国家培养高级统治人才。公元前5世纪至公元前4世纪是西方大学进一步发展的时期，在西方文化的基础上融合了东方文化，诞生了雅典大学。随着古罗马帝国的建立，亚历山大里亚大学取代了雅典大学，成为西方教育史上规模最大的大学。当时，学校设有博物馆、植物园、解剖实验室、图书馆等，图书馆藏书多达70多万册，教学内容有文法学、物理学、数学、法律学、医学、建筑学等，学生毕业后成为国家高级军事人员、政府官吏、骑士、僧侣等。

西方近代大学多产生于12～13世纪。著名的有英国的牛津大学、剑桥大学，法国的巴黎大学，意大利的波隆那大学、萨拉尔诺大学，等等。这些学校当初多以神学、文学、法学、医学为主要科目，学科较为齐全，并设有博士、硕士等学位。文艺复兴之后，神学被人文科学所取代，促进了西方高等教育的发展。到了19世纪，许多国家的大学数量剧增。

今天，大学在教育和培养社会有用人才、推动科学技术进步、服务社会生产等方面，发挥着越来越重要的作用。据统计，至20世纪末，人类社会财富的60%以上是近30年内创造的。美国近30年国民生产总值的增长，有71%是靠科技进步取得的。日本近40年国民生产总值的65%以上是靠科技进步取得的。科技的进步与发展有力地推动着人类社会的进步。正如一位诺贝尔经济学奖获得者所说，美国的真正实力，并不在于能够制造出多少电脑和汽车，而在于它是一个大学林立的国家，有几千所高等院校和上百个研究型大学，这些学校成为美国科技、经济、社会发展的原动力。

综上所述，学校教育一经产生就具有鲜明的阶级性，它一方面传授科学文化知识和劳动生产技能，促进社会的发展；另一方面又传播统治阶级的思想意识，培养维护统治阶级利益的人才，巩固与发展统治阶级的政治统治。教育与社会的政治、经济、文化密切相关，这是一切社会学校教育所共有的特点。

## 二、我国大学教育发展的新形势

进入改革开放和大力推进社会主义现代化建设事业的新时期，我国大学教育受到党中央和国务院的高度重视，也加快了发展的速度。邓小平依据马克思主义的基本原理，提出了“科学技术是生产力，而且是第一生产力”的科学论断，他指出：“我们要实现现代化，关键是科学技术要能上去。发展科学技术，不抓教育不行。靠空讲不能实现现代化，必须有知识，有人才。没有知识，没有人才，怎么上得去？”“抓科技必须同时抓教育。从小学抓起，一直到中学、大学。”[①]这些精辟的论断，为我国科教兴国战略的提出奠定了基础。《中共中央、国务院关于深化教育改革全面推进素质教育的决定》明确指出：“当今世界，科学技术突飞猛进，知识经济已见端倪，国力竞争日趋激烈。教育在综合国力的形成中处于基础地位，国力的强弱越来越取决于劳动者的素质，取决于各类人才的质量和数量。”

跨入新世纪以后，面对新的机遇和挑战，党和国家继续强调要把教育放在优先发展的战略地位。2001年3月，第九届全国人民代表大会第四次会议批准的《中华人民共和国国民经济和社会发展第十个五年计划纲要》中明确指出：“教育是提高全民素质、培养人才的基础，要面向现代化、面向世界、面向未来，适度超前发展，走改革创新之路。”党的十八大再次强调，努力办好人民满意的教育。教育是中华民族振兴和社会进步的基石。要坚持教育优先发展，全面贯彻党的教育方针，坚持教育为社会主义现代化服务的根本任务，培养德智体美劳全面发展的社会主义建设者和接班人。全面实施素质教育，深化教育领域综合改革，着力提高教育质量，培养学生创新精神。

改革开放以来，我国的高等教育在办学体制、管理体制、投资体制、招生与毕业就业体制、校内管理体制等五个主要方面进行了一系列改革，并取得了不同程度的进展，积极鼓励、支持和规范社会力量以多种形式办学，基本形成了政府办学为主、公办和民办学校共同发展的格局。教育部发布的《2019年全国教育事业发展统计公报》显示，2019年，全国各类高等教育总规模达到4002万人，高等教育毛入学率达到51.6%。其中，普通高等学校2688所（含独立学院257所）。普通高校中本科院校1265所，高职（专科）院校1423所。全国共有培养研究生单位828个，其中高等学校593个，科研机构235个。研究生招生91.65万人，其中，博士生招生10.52万人，硕士生招生81.13万人。在学博士生42.42万人，

①《邓小平文选》第2卷，人民出版社1994年版，第40页。

在学硕士生243.95万人。毕业研究生63.97万人。普通高等教育本专科共招生914.9万人，在校生3031.53万人，毕业生758.53万人。普通高等学校校均规模11260人，其中，本科学校15179人，高职（专科）学校7776人。普通高等学校教职工256.67万人，专任教师174.01万人。普通高校生师比为17.95：1。成人高等学校教职工3.61万人，专任教师2.06万人。普通高等学校校舍总建筑面积101248.41万平方米（含非产权独立使用），教学科研仪器设备总值6095.08亿元（含非产权独立使用）。这意味着我国的高等教育将更大程度地提高我们的国民素质，缩小与发达国家之间的差距。

我国高等教育在实行体制改革的同时，又进行着优化学科和专业结构等方面的教学改革以及教育思想观念转变，这三方面的改革密切配合，相互促进，形成了我国高等教育发展史上的崭新阶段。而随着中国加入世贸组织，高等教育也进一步扩大了对外开放，积极引进国外高等教育和职业教育的优质资源，促进中外合作办学，教育的国际合作与交流得到了很好的发展，极大地增强了我国教育与人才培养的国际竞争力。目前，我国不但有大批的学生出国留学，也吸引了不少国外学生来华留学。2011年，全年在华学习的外国留学人员总数首次突破29万人，共有来自194个国家和地区的292611名各类来华留学人员，分布在全国31个省、自治区、直辖市（不含台湾地区、香港特别行政区和澳门特别行政区）的660所高等院校、科研院所和其他教学机构中学习。这些国际的教育合作与交流又将促进我国高等教育的进一步发展，将大大地提高我国的全民素质，有力地促进我国社会的全面发展。

### 三、大学时期是人生发展的关键阶段

我国高等教育的发展正处于一个崭新的阶段，考进大学也意味着进入了人生发展的新阶段。大学时期既是人才成长、择业定向、走向社会承担社会责任的准备时期，也是个体在身心、知识各方面发展承前启后的转折时期。大学时期是直接影响一个人一生的关键阶段。

第一，大学时期是一个由以学为主的学生生活转向职业生活的准备

阶段。职业是人们谋生、创造实现人生价值以及服务社会的社会实践活动，也是人们承担社会责任的基本方式。大学教育与中学教育在培养目标上的根本不同，就在于大学教育具有明确的专业方向，而专业方向正是为由以学为主的学生生活转向职业生活而设置的。尽管教育的发展方向是终身教育，但不能否认的是，在人生历程中，开始进入职业生活时代毕竟是以大学时期为转折点的。尽管个人必须终身不断学习、不断“充电”，但是以学为主的学生时代对绝大多数人来说，毕竟是以大学时期为最后一个阶段。所以，大学教育属于人生发展中学习准备的最后阶段，是人才成长的重要阶段。为了能够更好地谋生，更大地创造和实现自身的人生价值，承担起社会责任，在大学时期必须完成专业知识的积累和技能的培养，这和中学时期的学习任务是有很大区别的。因此，有没有接受过高层次的专业教育和技能培养，以及大学时期对专业知识和技能学习的掌握情况如何，将直接决定着将来能否谋得理想的职业，能否承担特定的社会责任，以及能否在将来激烈的社会竞争中很好地立足、生存与发展。

第二，大学时期是由依附家庭到自立于社会的准备阶段。大学时期虽然和中学时期不同，离开父母投入高校的集体生活，在形式上一定程度地脱离了家庭监护，但并没有完全脱离对家庭的依赖和对其他人（学校、教师、同学）的依赖。大学生的经济来源仍然依靠他人，虽然已是成人，但还是一个纯粹的消费者。因而大学生活仅仅是一种半自立的集体生活，从严格意义上说，大学生也只是一个“准成人”，这和将来走上社会，完全自食其力地自立于社会，承担完全意义上的社会角色，毕竟还有相当大的差距。所以，大学时期是为将来自立于社会，由“准成人”向“成人”转化，完成质的飞跃的准备阶段。在这个阶段，要学会自理、自立，自己管理自己，强化自控能力，同时要学会待人处事和人际交往，这在当今社会是十分重要的。作为学生，从小学到中学，待人处事和人际交往的对象主要是家庭的亲人、学校的同学老师，具有鲜明的血缘和地缘特征，而且又是以孩子、学生的角色身份与他人交往，这与将来走上社会截然不同。因此，大学时期是由依附家庭到自立于社会的准备阶段，要主动地培养自己的自理、自律、自立能力，学会待人处事和人际交往，完成由“准成人”向“成人”发展的质的飞跃，为今后走向社会、自立于社会打下良好的基础。

第三，大学时期是培养创新思维能力，成为高素质人才的关键阶段。大学时期的青年，虽然在身体方面基本完成了生长发育，但大脑内部结构和功能还在逐渐完善，智力渐趋发展、完善，思维方式由以具体形象思维为主转向以抽象思维为主，并开始摆脱原先单一的求同思维与被动的接受性思维，出现了合理、抽象和怀疑的思考，思维的独立性与批判性明显增强。与之相应的是，在记忆力上也由原先的以机械记忆为主转而进入逻辑记忆飞跃发展的阶段。这是人生发展中思维方式、思维能力发生转变的关键阶段。但是，创造性思维并不是自发形成的，思维能力也并不能够自发增强。因此，在这一关键阶段，能接受良好的高等教育，获得良师的指导，在高校富有研究性、探索性、实践性教学和学术研究氛围的熏陶下，再加上自己的努力，对于形成创造性思维和最终成为高素质人才是非常重要的有利条件。从这个意义上说，大学时期是影响一个人人生价值的创造与实现的关键准备阶段。美国的英才教育委员会认为，一流人才和二三流人才的分水岭就在于有没有创造性。一个人的一生能有多大的作为，是和他接受教育的程度、拥有知识的多少、思维方式的优劣等密切相关的，而最重要的就是要看他如何度过大学时期这个人生发展的关键阶段。

第四，大学时期是确立人生观、价值观的重要阶段。大学生随着知识的增长、视野的开阔、生活范围的扩展、思维方式的转变，开始把注意力由外部世界转向内心世界，自我认识、自我评价、自我体验等都进入了一个新的阶段，开始从多角度、多层次对人生的意义、价值进行新的理性的思考和探索，从原先的感性认识开始逐渐地上升到理性认识。科学的人生观、价值观不会自发形成。在接受高等教育期间，通过系统的理论学习，正确的教育与引导，大学生一般会摒弃原先感性认识中的一些偏颇，在理性认识的基础上逐步树立科学的人生观、价值观。当然，这又取决于大学生的学习态度。如果不能抓住接受高等教育的良好机遇，认真学习科学的理论，就可能始终在感性认识中盲目摸索，不仅不能纠正一些认识上的偏颇，相反，还可能产生一些错误的认识，根本不可能形成科学的人生观、价值观，最终影响自己今后的人生道路。

总之，大学时期是一个人顺利成才，进而为实现自己的人生价值作准备的关键阶段，是人生发展的新时期。

## 第二节　把握新角色

一个人的角色是由个人所在的环境决定的，与个人所承担的责任相联系。大学新生的角色看起来似乎并没有什么特别，不过是从中学生变成了大学生，其实不然。中学生的主要任务就是学习，承担的社会责任有限。而对于一个大学生来说，虽然也是学生，但其承担的社会责任却随着个人的成长逐步增加。相比较而言，一个中学生还没有角色的概念，而一个大学生就必须要有角色意识了。把握好新的角色，意识到肩负的使命和责任，是每一个大学生不可忽略的重大课题。

### 一、认识和适应大学新环境

走进大学，是青年学生独立面对个人生活的开始。一般来说，大学新生的第一印象都是生活环境、人际环境、学习环境发生了很大的变化。大学新生应当适时地认识这些变化了的客观环境，尽快地转换和把握新角色。

第一，要认识和适应生活环境的变化。

上了大学，最直观的是生活条件、生活习惯与生活方式的变化。这对刚刚离开父母的大学新生是一个挑战。中学时代，中学生大多居住在家中，一般拥有自己独立的生活空间，生活环境相对舒适，加上父母的悉心呵护，这使得他们能有更多的精力投身学习，但同时也养成了依赖父母的习惯。大学生活是一种集体生活，饮食起居都是集体性的，却又全由自己安排，并且都有严格的制度。对于这一切，大学新生初来时一般都有新鲜感，但由于十几年来各自养成的生活习惯的不同，气候和语言环境的变化，起居条件与家中环境巨大的反差，不少人会感到不习惯、不适应，产生抱怨情绪。更有甚者，有少数同学还会与同居一室的同学产生矛盾，在进校初期就影响到自己的学业。

大学新生应该认识到，大学时期是由依附家庭到自立于社会的准备阶段，要在大学里学会生活，学会合理地安排时间，养成良好的生活习惯，培养自己的自理能力。既要会安排学习时间，也要会安排休息娱乐的时间。要尽快地摆脱原先生活上的依赖性，培养较强的生活自理能力，从而适应大学新生活，为将来自立于社会做好准备。

第二，要认识和适应人际环境的变化。

人际环境的变化，对大学生来说是一个难得的学习和锻炼的机会，及时适应这种变化了的环境，从中增长知识和才干，对将来步入社会是一种很好的准备。及时认识和适应大学的新环境，也是适应时代发展的需要。随着社会的发展，经济全球化的深入，人际交往的范围和模式、人际关系的观念和纽带都发生了很大的变化，具备良好的人际交往能力也越来越被人们所重视。良好的人际关系，有助于人际沟通，有助于个体被新群体认同悦纳并开展有效的协作，有助于事业取得成功。

大学生进入新的生活环境，接触到新的群体，不能不重视人际环境的变化和适应问题。人际环境的变化所提出的适应问题，是一大挑战，处理不好就会造成心理障碍。如前所述，中学生一般是居家生活，接触与交往的对象主要是父母，其次才是同学和老师。在家与父母的交往内容主要是生活、情感方面，在校与同学、老师交往的内容主要是学习方面，而且与同学、老师的交往主要局限于在校时间，一般真正的人际交往并不是很多，即使在校与同学、老师之间有了矛盾冲突，回到家中还能对父母诉说，以求得精神上的慰藉。然而，进入高校后，大学生远离父母，失去了情感交往的对象及精神慰藉的场所，人际关系失去了往日地缘关系的优势。同时，接触的对象来自全省或全国各地，各有各的兴趣爱好，各操各地的方言俚语，不论相互之间是否适应都要同处一班或同居一室，这就难免会使个人业已习惯的行为模式受到一定的冲击，在人际环境的变化中表现出种种的不适应。加上缺乏成熟的交往技巧，很容易感到孤独苦闷，强化闭锁心理。在每届新生中，都有一些同学热衷于找老乡，投身于地缘性人际关系的半封闭圈子，以寻求生活和情感交往的场所；也有一些同学频频给家中父母打电话，倾诉自己的种种"不幸"；还有一些同学开始沉湎于网上聊天，希望通过与素不谋面的网友交谈，在虚拟世界里求得情感的慰藉。凡此种种，都表明大学新生应当重视对已经变化了的人际环境的适应，适时学会开展人际交往。不然，就会影响身心的健康、学业的完成。

第三，要认识和适应学习环境的变化。

学习环境是由外在和内在的诸因素构成的综合体，内在因素也可以称为软环境。中学的学习是由国家统一规定的，参考读物、复习资料等是由教师、家长选定的。教师的教学是依据课本内容进行具体细致的分析与讲解，学生掌握和巩固所学的知识主要是依靠听课、复习和做作业。从小学到中学的十多年学习生活，学生已经习惯了这种具有明显依赖性的教学和学习模式。而大学与中学的教学和学习则有着十分明显的不同。教师的教学多为提纲挈领的指导、启发，对重点、难点加以详细说明，强调学生自学和独立思考。大学的教学内容一般都突破了教材范围，涉及相关专业和学科的内容比较广泛且具有一定的深度。大学的教学，特别是高年级的教学，授课教师在教学过程中还时常介绍学科或课程的前沿问题，有的还介绍自己的"一家之言"，这些体现研究性、探索性的教学内容在教材上是找不到的。教师这样做的目的是为了开阔学生的视野，拓展学生的思路，培养学生的学科兴趣和思维能力。这就要求学生不仅要学会，更要会学。事实证明，不少大学新生由于受长期的依赖性的学习习惯的影响，缺乏及时转变学习与思维方式的自觉意识，不能及时地适应已经变化了的学习环境，在大学最初阶段常处于被动的学习状态。他们初听大学教师讲课如坠云雾之中，一堂课下来不知老师讲了什么、自己听懂了什么，于是担忧自己如此下去会掉队，或者抱怨大学教师还不如中学教师教得好，由此而出现情绪波动，影响正常的学习。

在教学管理方面，大学与中学的差别也是很明显的。在中学时代，不用说班主任老师，即使是任课教师也直接参加教学管理，及时督促课堂纪律，管理环节具体而又细致。回到家中，父母也会督促中学生的学习，面面俱到，要求严格。大学的教学管理相对来说要“松”得多。不要说教学环节上的督促检查，即使是课堂纪律老师直接过问的也不多，几乎全凭学生自觉。与中学相比，大学的课外自习、阅读的时间相对增多。学生对这些学习时间的支配和利用，包括学习计划的制订、学习资料的选择等，教师一般也很少提出具体意见。这些特点往往会使刚入学的大一新同学产生这样的错觉：大学的学习太自由了，因而他们会感到突然之间失去了以往的压力，变得不知所措；或者失去了学习动力，放弃了对自己的严格要求和主观努力，使自己在学习上陷入被动。从这个意义上说，大学新生应该高度重视学习环境的变化，把适应学习环境的变化看作一个学会学习、掌握学习主动权的极好机遇。

## 二、认识与转换新角色

认识和适应新的环境，离不开认识和转换新的角色，这是一个问题的两个方面。环境与人是一种互动关系，但对环境的认识和把握最终还是取决于人，因为人是环境的主体，是环境变化的主导方面。因此，从一定意义上来说，大学新生能否适时地认识和适应新的环境，关键是看能否适时地认识和把握新的角色，实现向新角色的转换。

角色，是社会学的特定范畴。社会学所说的角色，是指处于一定社会环境的人，应当具有的与其社会环境和身份相适应的责任及履行责任的行为模式。在社会生活中，不同的人承担着不同的社会角色，同一个人在不同的社会环境中承担着不同的社会角色。社会角色本质上体现的是一定的权利与义务的统一，它是区分同一环境中的不同个体和不同环境中的同一个体的基本标志。例如，一个人在学校环境中是学生，承担着学习成才的特定责任；在家庭环境中则是子女，承担着孝敬父母的特定责任；在社会生活中是公民，承担着作为公民的责任；等等。这里需要注意的是，一个人在自己的一生中会随着环境的变化而不断变换角色，但在这些众多角色中有一种角色占据着主要的位置，人们平时正是根据这一点来区分不同人的社会角色的。

大学生与中学生虽然在类别上都属于学生这一类社会角色，但是大学生与中学生毕竟不一样。刚进入大学并不意味着就是名副其实的大学生，要想成为一名名副其实的大学生，就需要有对新角色的认识、转换与适应的过程，只有经历这一过程才能使自己产生质的飞跃。反之，如果没有认识到这一点，角色不能及时地转换，那就会陷入种种不适应，产生一系列的不良后果。

大学生与中学生都是国家和民族的未来和希望，承担着学习成才、振兴中华的历史重任。但是，大学生与中学生的角色又有着许多的不同。中学生的培养目标是基础教育意义上的，大学生的培养目标是专业教育意义上的，两者虽然都强调全面发展的素质教育，但后者更重视一专多能。正因为如此，大学生与中学生承担的学习任务和责任不同。中学生的学习，直接的任务和责任是学好文化基础课，为将来深造打下良好的基础。而大学生的学习，直接的任务和责任是掌握专门的知识和技能，为将来的就业作准备。也正因为如此，从社会期待看，大学生与中学生的角色特征也不一样。在实行改革开放和大力推进社会主义现代化建设的历史时代，要求高校培养的人才必须具有独立意识、乐于竞争又严于自律的角色特征，因此，大学生与中学生最大的角色差异，应该体现在大学生必须具备自主、自律的人格特征。大学生在校期间就应当注意在老师的指导下加强自主、自律的培养和锻炼，使自己逐渐具有社会所期待的角色特征。

把握大学生与中学生在角色方面的差异，确立新的角色意识，是认识和转换新角色的前提。不少新生因为未能认清大学生与中学生的角色差别，以中学生角色来承担大学生的责任，甚至以家中独生子女的角色来对待业已发生很大变化的生活环境，所以难以适应变化了的学习环境和人际环境，在整个大学学习期间长期处于一种被动的状态。有些大学生在临近毕业时发出这样的感慨："刚刚明白大学生应当是怎样的，大学是怎么回事，却要脱下学生装，离开大学了。真希望再上一回大学，再做一次大学生！"这种感慨正是没有及时转换和适应新的角色，因而没有及时适应大学生活新环境的真诚表白。

由于认识的模糊，大学新生往往会陷入一些角色定位的误区。主要有两种：

一是分不清大学生与中学生质的区别，仍然以中学生的角色规范自己的思想和行为，表现在生活、学习上仍然存在较大的依赖性、被动性和他律性，缺乏自立、自主和自律。

二是以成人角色自居。这在不少大学生身上都有不同程度的表现，认为自己已经长大成人，又脱离了家庭监护，是一个独立自主的成年人了。成人意识的增强应该是正常的，也是好事情，然而不可因此而忽略了成人角色深层次的方面，只是盲目地模仿成人表层的行为，比如抽烟、喝酒等，更不可无视校纪校规，拒绝听从老师的指导、劝告，似乎听了别人的教诲便失去了成人的自尊与主见，由成人又变成了孩子。实际上，越是试图以成人自居，往往越是显露出不成熟的一面。在大学生同时承担的多种社会角色中，占主导地位的毕竟还是学生角色，因此刻意模仿成年人的一些不良行为，反而会损害大学生的角色形象。

要转换新的角色，除了提高对新角色的认识外，还需要学习、理解和遵守大学生的角色要求和行为规范。这样的规范要求集中地体现在国家教育部颁布的《普通高等学校学生行为准则》和各校制定的规章制度中，这是国家、人民和学校对大学生在政治、思想道德、学习、生活等方面提出的基本要求和努力方向，是大学生担当其自己应有的社会角色，圆满完成学业并顺利成才的基本保障。因此，新生应在学校的安排下，认真学习和领会《普通高等学校学生行为准则》以及学校制定的规章制度，并自觉地以此来规范自己的言行。

### 三、培养适应能力的深远意义

一些西方社会学家在论述现代人的标志时，都把具备较强的适应能力或应变能力作为一个重要的标准。如前所述，角色的及时转换与尽快适应大学生活，是实现由中学生到大学生转变的重要方面，也是青年大学生成才的前提和基础。然而，这一适应能力的培养还有更为深远的意义：

第一，这是将来转换与适应社会角色的基础。由中学到大学、由中学生到大学生，这种环境与角色的变化称不上剧变，因为中学和大学都是学校，中学生和大学生毕竟都是学生，其中有许多相似相通的地方。而由大学生活到职业生活，由大学生到从业人员，则是一种性质截然不同的剧变。能否符合行业和同仁的角色期待，能否适应职业活动的需要，这些都将是直接关系到个人能否很好地立足于社会的重要因素。目前，一些大学毕业生刚刚步入社会时产生的迷惘、求职应聘或从事职业活动时遇到的种种障碍，基本上都是源于对这种剧变的性质认识不清，以及对新角色的转换与对新环境的适应能力的欠缺所致。十几年的学生角色和学校生活，使他们形成了相对稳固的思维定式和角色模式，这种定式能不能较快地改变受制于个人的应变能力或适应能力。因此，重视目前转换与适应的契机，培养和强化自己的适应能力，也就是为将来的社会角色的转换与适应积累经验和奠定基础。

第二，这是将来应对快速变化的社会环境的必备。随着改革的不断深化，进入21世纪以来，经济社会快速发展，人才流动概率趋高，使得人们的工作岗位、工种的变化时有发生，这也就意味着人们社会角色的转换与工作环境的变化也会随之经常出现。而每当新的变化出现时，就需要人们主动适时地调整自身，以适应这一变化。这里既需要适应新角色、新环境，也需要主动调适心态。心态的不适应既会造成心态的不平衡，从而引发心理疾患，也会影响和制约其他方面。应该看到，社会竞争日趋激烈，竞争就业与竞争再就业是我们每个人都会遇到和必须正视的现实，而在这种严峻的现实中也唯有适者才能生存。这就需要我们从现在起就注意培养自己的适应能力，并与时俱进地不断强化这一能力。

第三，这是为了适应经济全球化发展的需要。经济全球化的快速发展，为当代青年提供了展示才干的舞台。全球跨国公司500强企业中已有400多家打入我国市场，另有100多家研发中心在我国生根，这说明人们从事职业活动的区域及人际交往的对象已大大地突破了原先的地域范围。中国加入世贸组织作出了两个极为重要的承诺：一是进一步开放市场，二是遵守国际规则。从前者来说，我们将更多、更频繁地与具有不同人文价值观念、不同生活方式的人进行交往、竞争和合作；从后者来说，我们必须树立强烈的规则意识，要遵守规则。因此，仅仅立足于国内的适应是不够的，需要从全球发展的视角培养自身更强的适应能力。

如果我们能顺利地实现由中学生到大学生的角色转变，能较快地适应大学新的生活，并认真地进行自我总结，不断积累经验，那将为我们将来实现由学生生活到职业生活、由依附家庭到自立于社会打下坚实的基础。

## 第三节　确立新目标

目标是目的的具体化，指的是人在行动之前所构想并希望实现的目的。人做任何事情都会有自己的目的和目标，这是人区别于一般动物的根本标志。正如恩格斯所说："在社会历史领域内进行活动的，是具有意识的、经过思虑或凭激情行动的、追求某种目的的人；任何事情的发生都不是没有自觉的意图，没有预期的目的的。"[①]目标是一种系统化的活动产物，在时间上有近期目标和长期目标的差别，在内容上有经济发展、政治建设、军事斗争、学习与成才、职业与事业、生活追求等目标的区分，在性质上有正确与错误的目标的对立，等等。这里所说的目标，是相对于大学生的学习与成才而言的。

### 一、认识新时代是确立新目标的前提

大学生要确立自己新的奋斗目标，首先需要对新时代有深入的了解和深刻的感悟。党的十九大报告指出："经过长期努力，中国特色社会主义进入了新时代，这是我国发展新的历史方位。"

新时代是我们所处的新的历史方位，它植根于我国所取得的历史性成就的社会实践中。时代的发展是一个从量变到质变的过程，量变中蕴含着质变，质变是量变的必然结果。回顾党领导人民的奋斗历程，革命、

①《马克思恩格斯选集》第4卷，人民出版社2012年版，第253页。

建设、改革，都经历了从量的积累到质的飞跃的不同发展阶段。久经磨难的中华民族通过不断发展实现了从站起来、富起来到强起来的伟大飞跃，迎来了实现中华民族伟大复兴的光明前景；科学社会主义在21世纪的中国焕发出强大生机活力，在世界上高高举起了中国特色社会主义伟大旗帜；中国特色社会主义道路、理论、制度、文化不断发展，拓展了发展中国家走向现代化的途径，给世界上那些既希望加快发展又希望保持自身独立性的国家和民族提供了全新选择，为解决人类问题贡献了中国智慧和中国方案。

“这个新时代是中国特色社会主义新时代，而不是别的什么新时代。”①新时代，是承前启后、继往开来、在新的历史条件下继续夺取中国特色社会主义伟大胜利的时代，在中国共产党的领导下，中国人民成功开创、发展了中国特色社会主义道路，创造了一个个举世瞩目的中国奇迹。这个时代是决胜全面建成小康社会、进而全面建设社会主义现代化强国的时代，这个新时代是全国各族人民团结奋斗、不断创造美好生活、逐步实现全体人民共同富裕的时代，这个新时代是全体中华儿女勠力同心、奋力实现中华民族伟大复兴中国梦的时代，这个新时代是我国日益走近世界舞台中央、不断为人类作出更大贡献的时代。身处新时代，勤劳勇敢的中国人民更加自信自尊自强，中国这个古老而又现代的东方大国朝气蓬勃、气象万千；身处新时代的我们要不忘初心、牢记使命，要做“有理想、有本领、有担当”的新时代青年，不断提升思想道德素质和法治素养，展现新的风貌、新的姿态，成为中国特色社会主义事业的合格建设者和可靠接班人，肩负起民族复兴的使命。

## 二、新时代大学生的成才目标

青年兴则国家兴，青年强则国家强。青年一代有理想、有本领、有担当，国家就有前途，民族就有希望。2018年9月，习近平总书记在全国教育大会上强调，坚持中国特色社会主义教育发展道路，培养德智体美劳全面发展的社会主义建设者和接班人。要努力构建德智体美劳全面

①《习近平谈治国理政》第三卷，外文出版社2020年版，第70页。

培养的教育体系，形成更高水平的人才培养体系。“要在坚定理想信念上下功夫，教育引导学生树立共产主义远大理想和中国特色社会主义共同理想，增强学生的中国特色社会主义道路自信、理论自信、制度自信、文化自信，立志肩负起民族复兴的时代重任。要在厚植爱国主义情怀上下功夫，让爱国主义精神在学生心中牢牢扎根，教育引导学生热爱和拥护中国共产党，立志听党话、跟党走，立志扎根人民、奉献国家。要在加强品德修养上下功夫，教育引导学生培育和践行社会主义核心价值观，踏踏实实修好品德，成为有大爱大德大情怀的人。要在增长知识见识上下功夫，教育引导学生珍惜学习时光，心无旁骛求知问学，增长见识，丰富学识，沿着求真理、悟道理、明事理的方向前进。要在培养奋斗精神上下功夫，教育引导学生树立高远志向，历练敢于担当、不懈奋斗的精神，具有勇于奋斗的精神状态、乐观向上的人生态度，做到刚健有为、自强不息。要在增强综合素质上下功夫，教育引导学生培养综合能力，培养创新思维。要树立健康第一的教育理念，开齐开足体育课，帮助学生在体育锻炼中享受乐趣、增强体质、健全人格、锤炼意志。要全面加强和改进学校美育，坚持以美育人、以文化人，提高学生审美和人文素养。要在学生中弘扬劳动精神，教育引导学生崇尚劳动、尊重劳动，懂得劳动最光荣、劳动最崇高、劳动最伟大、劳动最美丽的道理，长大后能够辛勤劳动、诚实劳动、创造性劳动。”①

在大学教育的培养目标中，德育目标是根本，这是素质教育的主导部分。德育目标主要包含政治、思想理论、道德品质和心理素质等方面的目标。政治素质是人的政治观念、政治态度和政治行为的统一。从一定意义上说，大学生的政治素质关系到能否成为合格的社会主义事业的建设者和接班人，关系到社会主义现代化建设的成败和国家、民族的命运。政治素质的核心是坚持四项基本原则，贯彻和落实社会主义核心价值观。大学生应坚定地拥护党的领导，坚持走中国特色社会主义道路，坚持用马克思主义理论指导自己的行动，关心和促进改革开放，努力做

---

① 习近平:《坚持中国特色社会主义发展道路 培养德智体美劳全面发展的社会主义建设者和接班人》,新华网2018年9月10日。

中国先进生产力的开拓者、中国先进文化的传播者和中国最广大人民根本利益的维护者，具备社会主义民主法治意识，具备以爱国主义为核心的团结统一、爱好和平、勤劳勇敢、自强不息的伟大民族精神。大学生的思想理论素质应是世界观、人生观、价值观的统一，以及在“三观”指导下形成的科学的思维方式和正确的行为方式。

智育是大学教育培养目标的主体。智育目标不仅要求大学生掌握教师所传授的知识与技能，同时还要求大学生养成一定的自学能力和创新思维能力。当今世界，科学的发展显现出文理相互渗透、学科相互交叉的趋势，涌现了许多交叉学科、边缘学科等新的学科门类。大学生要在掌握教师所传授的知识和技能的基础上，努力拓宽自己的知识面，加强哲学社会科学知识的学习，形成合理的能适应未来需要的知识与能力结构，这是当代社会对人才提出的高素质要求。合理的知识结构既能使人才具备更强的工作适应性，也有助于人才进行创造发明活动。创新能力的培养，既是知识经济时代社会发展的需要，更是一个民族和国家兴旺发达的不竭动力。因此，大学生既要培养自己的创新思维能力，也要强化自己的创新意识和创造能力。智育培养目标还应包括具有一定的自学能力，这不仅是适应大学教育的需要，也是适应知识经济时代人才素质的需要，适应终身学习的学习型社会的需要，更是促进人的全面发展的需要。

健康的体魄也是大学新生应确立的奋斗目标之一。健康的体魄是搞好学习的基础，也是将来服务于社会的基础。大学生要了解体育运动的基本知识，掌握科学锻炼身体的基本技能和方法，养成锻炼身体的良好习惯，达到国家规定的大学生体育合格标准。同时，要在体育活动中学习和培养竞争意识、合作精神和坚强毅力。现代社会的高效率、快节奏、强竞争特点，不仅对人的智力提出了高要求，同时也对人的体魄提出了高要求，健康的体魄还应包括心理的健康。

大学教育与培养目标还包括美育方面。美育是一种鉴赏美、创造美的教育。美育不仅有助于陶冶情操、提高文明素质，而且有助于开发智力，对于促进人的全面发展具有不可替代的作用。大学美育的目标是通过对美的鉴赏和创造，了解一定的美学知识，增强美感体验，培养欣赏美和创造美的能力，以促进美好的心灵、健康的审美情趣的形成。

劳动教育是大学生成长成才的需要。劳动不仅创造了人类，也是人类的本质特征和存在方式，并推动着社会历史滚滚向前发展。在完成“两个一百年”奋斗目标和实现中华民族伟大复兴的中国梦的征程中，高度重视劳动教育就成了新时代的必然要求。实现伟大中国梦，根本上要靠劳动者的辛勤劳动、诚实劳动和创造性劳动。高校作为大学生思想政治教育和承担社会服务职能的载体与结合点，要培育新时代大学生的劳动情怀，最终推动广大青年学生在接力奋斗中实现伟大复兴中国梦。

在认清了时代与社会对大学生成才总体目标要求的基础上，大学生应适时地确立自己成才的具体目标，明确行动的方向。

首先，应确立正确的学习目的，把对学习的个人志趣与学习的社会意义有机地结合起来。目标是成才的起点，是学习成才过程中的推动力。正确的目标通过一定的努力可以达到，所以正确的目标绝不能凭主观臆想来设定，它必须建立在现实的客观条件的基础上，必须与时代和个人的具体条件相符合。在中学时代，不少学生的目标并非完全由自己确立，较多地受到家庭和学校老师的影响，加上受高考指挥棒的统一指挥，可能存在着一定的模糊认识，具有一定的被动性，进入高校后，原先的目标已经实现，这时就需要确立新的学习目标。确立新的学习和奋斗的目标是成才的关键。

其次，在正确目的的引导下，在成才总体目标的基础上，每个大学生还应根据自己的具体情况，因人而异地树立具体的学习目标。要注意具体目标之间的渐进性和递进性关系，尽量把它们细化、量化为具体可见、可行的指标，这样将有利于逐步实现成才目标，顺利地完成大学的学业，实现自己的奋斗目标。

### 三、大学学习的具体要求

大学学习的总体要求是学会学习。由于大学教育与中学教育相比有着明显的不同，社会对大学生与中学生的期望也各不相同，所以大学学习的具体要求与中学相比也发生了很大的变化。了解和掌握这些具体要求，对于搞好大学的学习，实现成才的目标是十分重要的。大学学习的具体要求主要有两个方面：

首先，了解教学内容的多、广、深的特点和具体要求。大学时期，一般要学习数十门课程，这些课程涉及的知识十分广泛，既有纵向的、系统的知识体系，也有横向的、广博的知识面，有些专业还要进行相关的技能训练。不了解学习内容方面的这些特点和具体要求，往往就会感到无所适从，陷入被动，不能掌握学习的主动权。

其次，了解教学方法的灵活多样特点和具体要求。如前所述，在中学基础教育阶段，许多人在学习活动中已经形成了被动性、依赖性的学习习惯，方法比较单一，致使不少大学生在入学之初不能适应大学的学习生活。要掌握大学的学习方法，必须了解和熟悉大学老师的教学方法。大学老师教学的基本特点是立足于学生自学，注重培养学生的自学能力，上课时一般不会面面俱到，主要只讲解重点、难点。要掌握大学学习的具体方法，应当始终注意把握好学会听课和学会自学这两个基本环节。具体来说：

一要学会记听课笔记，记老师讲课的教学思路，记老师讲的基本概念、重点和难点，同时也要记下老师讲课中的精辟见解和自己的疑问与疑难问题，给自己留有“思考空间”。

二要学会安排学习内容与时间。大学教学除规定必须完成的课程、学时之外，还有不少选修课内容和较多的自习时间。学会学习，还应包括在完成规定的课程、学时之外，能够依据自己的需要或所长自主地选择一些合理、合适的选修课和课外学习内容，自行设定具体的学习目标，自主地安排好学习时间，以此拓宽知识面，培养专长，完善知识结构。在课外阅读方面，重要的是要选好该读的书，不能完全从个人的兴趣爱好出发。课外阅读，也要注意泛读与精读的区分，记好阅读笔记。要明白知识的获取并非仅仅局限于课堂上教师的讲授。

三要学会思考。“学而不思则罔”。大学学习活动中的思考要从记忆开始，这里所说的记忆主要是指逻辑记忆，而不是中学时代简单的机械记忆。逻辑记忆本身就包含着思考，所以重视逻辑记忆是学会思考的必要前提。学会思考，要能举一反三、融会贯通，变单一的求同思维为逆向思维、联想思维、发散性思维、综合性思维等，培养思维能力，这将使我们终生受益。

四要积极实践。大学里的实践课是指对理论知识的运用，主要包括学科实验、专业实习与校外社会实践活动。参加校外的实践活动，从事社会调查研究，是大学生的一种特殊而又重要的学习方法。因为，从社会调查研究中不仅可以检验和运用所学的专业知识和理论，而且还能学习和了解社会与人生，熟悉我们的国情，培养对广大劳动人民群众的感情，增长实践的才干，同时培养一定的社会工作能力，这对大学生的全面发展和健康成长是很有益处的。

## ■ 实例研讨

进大学快一个学期了，可我每天都感觉很累、很迷茫……

高中时为了高考，什么特长和兴趣也没有培养过，到大学才知道，这几乎是走上了一条死路……我参加了很多组织的面试：团委、学生会等，还参加过很多社团的招干。由于性格比较内敛、害羞，再加上没什么特长，谁也没有收我。更可气的是，一个傲慢的学生会干部还对我说："我们要找有能力的，而不是像你这样什么都不懂的。"我气愤地问她，是不是"一张白纸"的同学永远都没有锻炼的机会？她就很不高兴。我听说如果大学不参加一个组织，那就白读了。可现在所有的招新都完毕了，我再没机会了……如果我这四年就好好学习，没参加任何活动会怎样？我学的是旅游管理，要学两门外语。现在我这种情况，是不是社交圈子会变得很小，为人处世的能力是不是难以得到锻炼？现在我每天都很累，很想念以前，以前大家都在一个班，不久同学之间就混熟了。现在呢，我就跟宿舍里的人要好，其他人形同陌路，我跟他们打招呼，他们都不理我。为什么大学会是这样？我该如何度过四年大学生活呢？

请问：你如何看待“我”的遭遇？

思考题

1.如何认识大学时期是人生发展的新阶段？

2.审视自己是否适时调整自我并适应了大学新环境。

3.请依据大学的培养目标，联系目前这一必须紧紧抓住并且可以大有作为的重要时期，确立你的具体学习目标。

# 第二章　营造和谐的人际环境

爱是生命的火焰，没有它，一切变成黑暗。

——[法]罗曼·罗兰

得不到友谊的人将是终身可怜的孤独者，没有友情的社会则只是一片繁华的沙漠。

——[英]弗朗西斯·培根

人必生活着，爱才有所附丽。

——鲁迅

作为社会人，我们都是复杂的人际关系网络中的一个结点。在人际交往中，人们相互之间认识一致、志趣相投、行为配合，就会形成良好和谐的人际关系。在现实生活中，每个人都必定要与他人交往。人际交往往综合体现了一个人的心理健康水平和社会适应能力。大学生处于青年时期，是学习知识、了解社会、探索人生的重要时期，也是渴望和建立友谊、爱情的关键阶段，良好的人际交往对其一生都有极大的影响。通过交往建立起来的人际关系，包括体现亲密关系的友谊及爱情，对大学生心理、道德、思想观念的发展均有重要的影响。大学生应该而且一定能够在群体生活中学会与人交往，创造出和谐的人际环境，建立起融洽的人际关系。

# 第一节　大学生的人际交往

人际交往指的是人与人之间通过一定方式进行接触，从而在心理上和行为上发生相互影响的过程。与人际交往密切相关的概念是人际关系。人际关系是指社会生活中人与人之间的直接交往关系。人际交往与人际关系是从不同角度对同一社会现象进行分析所得出的结论。人际交往侧重于人际联系的过程、方式；人际关系则侧重于交往中人际联系的状态与结果。二者是结构与功能的关系。系统论认为，结构决定功能，而功能的变化又会导致结构的变化。由此观之，人际关系决定了人们如何去交往，但不同的交往方式又会改变人际关系的状况，二者是相互制约的。

马克思指出："人的本质不是单个人所固有的抽象物，在其现实性上，它是一切社会关系的总和。"[①]作为现实的人，绝不是孤立的存在物，必定要生活在两大现实关系中：一是人与自然的关系，通过与自然界打交道，获得自己的衣食住行之需；二是人与人以及人与社会的关系，通过与人交往，谋求与他人的沟通、理解和协作，更有效地支配和改造自然，推动社会的发展。一个人从出生到死亡，都离不开与别人交往。世界上不与他人交往的人实际上是不存在的。

## 一、大学生人际交往的作用

人的生存与发展离不开人际交往；反过来，人际交往的状况直接影响人的生存与发展。对于大学生来说，人际交往对其健康成长具有如下方面的积极影响：

第一，人际交往影响大学生社会化的进程。人的本质属性是社会属性，而非自然属性。由一个自然人转变为社会人，需要社会化。社会化的基本任务在于学习生活技能、行为规范，培养社会角色，从而做一名合格的社会成员，这些都离不开人际交往。不与他人交往，便无法完成

①《马克思恩格斯选集》第1卷，人民出版社1995年版，第60页。

社会化过程。交往的范围过于狭小，交往的对象过于单一，社会化只能是低水平的。大学生的交往对象、范围与水平，直接影响其社会化的程度与水平。

第二，人际交往影响大学生自我认识的水平。人不断地认识自我，把主体从客体中区分出来，认识到自己是社会生活的主体，了解自己的生理状况、心理特征、与他人的关系，以及自己的社会角色和在集体中的位置，是一个人自我意识完善的标志，是一个人心理成熟的标志。人际交往有利于加快这一进程，有助于视他人为镜，从与别人的比较中认识自己。美国社会学家费士丁格提出过一种社会对比理论，认为当人们在缺乏客观的社会标准的情况下，他们将通过与他人的对比来估价自己。例如，我们想知道自己是否智力超群，是否有杰出的运动才能，是否有领导艺术，只有通过人际交往和与人比较才能做到。离开了交往对象，就没有衡量自己的尺度或比照自己的镜子。瑞士心理学家皮亚杰认为，人的心理发展过程，可视为自我中心主义的逐渐丧失和采用更广泛、更复杂的观点看待问题的能力逐步发展的过程。进入青年期以后，人的交往内容和范围更为扩大。青年人常常从别人对自己的态度和评价中了解自己在别人心目中的形象和社会地位，并参照别人的评价来客观地认识自己，这标志着自我意识的成熟。

第三，人际交往影响大学生个性的发展与完善。人的个性除了受先天遗传因素影响外，更重要的是受后天环境的影响。大学期间是学生个性的定型时期，如果长期生活在友好和睦的人际关系中，那就有利于形成乐观、开朗、积极、主动等优良的个性；即使是同自己性格不同的人交往，也可以取长补短，相得益彰。但是，如果生活于不友好、矛盾丛生的人际关系中，便容易受到不良影响，养成消极、悲观等不良个性。在这种情况下，如能做到“见贤思齐焉，见不贤而内自省也”，就会形成优良的个性，但这需要付出较大的努力。

第四，人际交往影响大学生的身心健康。心理学家发现，出生3周后的婴儿就能对映入眼中的能引起愉快的人或事物露出微笑。伴随着母子间频繁的视线接触和身体接触，以及依恋关系的建立，婴儿会产生一种基本的安全感和对人的信任感，也对以后与同龄伙伴建立关系产生良好的影响。大学生通过相互交往，诉说各自的喜怒哀乐，增进彼此间的情感共鸣，从而在心理上产生与人交往的欲望，并且看重交往的价值。而当大学生被剥夺了正常的交往之后，就会产生一种不安全感和孤独感。国外有些心脏病学家调查发现，那些生活与外界隔绝，既无配偶又缺少朋友和其他交往的老年人，其心脏发病率比那些爱好交往的老年人要高。由此我们可以发现，交往也是人维持身心健康的基本需求。

## 二、大学生人际交往的特征

与其他群体相比，大学生是一个特殊的青年群体，人际交往具有如下一些特点：

其一，交往需求的迫切性。大学生处于社会化的关键时期，加之思想活跃，情感丰富，兴趣广泛，精力充沛，急需通过交往去拓宽视野，获得友谊，认识与确立其在社会关系中的位置。因而，大学生交往的迫切性是中小学生和成年人都不可比的。特别是大学一年级学生，由于学习与生活中遇到较多的不适应，单个人的力量又难以克服，迫切需要他人予以帮助、鼓励与指导。

其二，交往对象的单一性。校园生活使大学生的交往对象主要是同校、同年级、同班的同学，年龄一般在18～23岁，经历相似，生理心理发展水平相近，文化层次较高。成人的交往与之相比要复杂得多。

其三，交往动机中的情感性。人际交往动机无外乎情感因素与功利因素。大学生活的特殊情况决定大学生的交往以情感性为主，功利性较少。

其四，交往对象的易变性。大学生心理机制尚处于健全之中，思想认识变化大，情感丰富，情绪不稳定，做事容易急躁冲动，这使得同学间的人际关系处于经常变动的状态。

其五，异性交往的迫切性与敏感性。从性心理历程来看，大学生大多已进入恋爱年龄段，与异性交往乃至产生爱情必然是其生活中的重大课题。

由上述交往特点所决定，部分大学生存在如下问题：一是交往能力缺乏，主要是交往经验不足所致。二是交往方式过于被动，主要因为“心理断乳期”特有的心理闭锁现象，以及学习任务的繁重所致。部分大学生交往主动性明显不足，有的大学生甚至很少交往。三是交往范围过于狭窄，交往对象过于单一，与社会人群的复杂性形成明显的反差。四是交往行为过于拘谨。由于自我意识的不成熟，容易出现自负与自卑的两极性心理。这种不良的心境导致了交往的拘谨，特别是在异性面前。五是交往模式的理想化。对交往的对象、过程、结果的期望值过高，必然在实际生活中碰壁。上述问题在具体的大学生身上程度有异，不可一概而论，但影响很大。

另外需要注意的是，大学生不是孤立的、与世隔绝的群体，社会上的人际交往状态必然对大学生产生不同程度的影响。现代社会的人际交往范围明显扩大，交往过程明显加快，交往的功利性明显上升，人际交往呈简单性与复杂性的双重趋势等特征，都以不同的方式渗透大学生的人际交往。从交往的对象看，当代大学生的活动范围比过去大多了。从交往的目的看，一部分大学生人际交往的功利性倾向逐渐明显起来。有些大学生热衷于做生意赚钱，甚至想办法在同学身上赚钱，导致少数学生物质欲望上升，人文关怀下降，理想信念荒芜，精神空虚。大学生对网络的学习与利用较之其他人群更加迅速、有效，但有一些大学生不遵守网络道德，甚至散布虚假信息，参与网络犯罪活动。如何在网络环境中进行正常的人际交往，维护身心健康，加快社会化进程，也是大学生应该注意的问题。

### 三、大学生人际交往的原则与方法

人际交往能力是现代人才的重要素质，是衡量一个人能否适应社会的重要标志。培养人际交往能力最重要的途径是要认识、理解和遵守交往的原则，正确使用交往的方法。

人际交往原则指的是人们在交往过程中应该遵守的基本规则和要求。要建立良好的人际关系，必须遵守相关的交往原则：

一是平等原则，或称作尊重原则。交往必须平等，平等才能深交，这是人际交往的第一原则。平等相待，是每一个社会成员的基本需要。即使在管理与被管理的关系中，每个人都有爱和被尊重的需要。正常的人，无论是青年还是老年，都希望别人能够平等地对待自己，而交往双方只有持平等的态度，才能做到相互尊重。一个人如果感觉交往对象对自己不尊重，那么他就会因为自己的人格和价值没有得到对方的承认而感到委屈，从而转移或减少与对方的交往。相互尊重给人心理以强化作用，可以激发和增强交往双方的主观需要，增进相互理解。要做到平等待人、相互尊重，应特别注意纠正和克服“自我中心主义”。有些大学生在交往过程中过多地考虑自己，忽视和埋怨对方，这就是“自我中心主义”的表现。以自我为中心，最终必然会导致交往的失败。

二是互利原则，也称作互助原则、互惠原则、互酬原则。互利简言之就是交往双方各得其利。互利既指物质利益上的互偿，也指精神需要上的互补。互利原则适应于我国当前社会中的绝大多数人，是对每个社会成员最起码的道德要求。在社会交往中坚持互利原则，并不意味着提倡利己主义，更不意味着反对提倡奉献精神。互利，作为“双方各得其利”的交往原则，不能被理解为双方均得各自利益。实际上，在人际交往中，一般总是有一方要“吃亏”的，这是正常现象。所以，强调互利，又要反对斤斤计较。

三是诚信原则，也称作真诚原则。它包含两层意思：一是交往双方说真话而不说假话；二是交往双方遵守并实现诺言。在日常生活中，我们说某一个人或单位靠得住或讲信用，说的就是上述两方面的意思。人离不开交往，交往离不开诚信。不讲诚信，既造成别人的损失，也给自己造成损失，还会影响交往的持续和深入进行。遵循诚信原则，最重要的是要信任交往对象。这种信任是建立在一方对另一方全面而又充分了解的基础上的。人们的肺腑之言之所以不暴露给一般的人，而倾诉给其交往密切的人，就是因为交往亲密者之间有比较全面和深刻的了解和信任。每个人在交往过程中都应该取信于交往对象，同时也要信任对方，这样才能被对方信任。而要取信于对方，就必须做到诚实。诚实是取信于人的首要条件。古人说，以诚感人者，人亦以诚而应。一个好说假话、好吹牛皮的人是不可能取得别人信任的。守信也是取信于人的一个重要条件，常言道，人无信不立。守信的基本要求就是要保持言行一致，言必行，行必果。比如，严格遵守交往双方所约定的时间，就是守信的一个重要标志。在有些情况下，一次不遵守交往时间就可能失信于人，交往也就会失败。当然，对诚信原则的运用也要有正确的理解。不可将“善意的谎言”，保守国家秘密、商业秘密、个人隐私等看成不讲诚信的不道德行为。

四是宽容原则，或称为求同存异原则。人无完人，金无足赤。由于人在出身、经历、文化修养、价值观等方面存在差异，所以在人际交往中产生一些分歧、矛盾是难免的。在交往中如果对非原则性问题斤斤计较，势必影响彼此间的感情，宽容是解决这些分歧和矛盾的最有效的途径。世界上没有两片相同的树叶，没有两个相同的手掌，万物都有差异。这就要求我们在交往中要尊重对方的独特个性，接受人与人之间的差异以及每个人都会犯错误的事实，不要把自己的意志和处世标准强加给别人。因此，交往中树立宽容原则是必要的，只有本着宽容的态度，求同存异，才有利于建立良好的关系。宽容是一个人胸襟开阔、与人为善的表现。宽容不仅有助于扩大交往空间，消除人际紧张和矛盾，而且对自己的心理健康也是有益的。当然，宽容也是有条件的。小事可宽容，原则性问题则不能让步。就对象而言，对那些有自知之明、能够反省自律、偶尔有过失的人，应该尽可能宽容；而对那些缺乏自知之明、不尊重别人的人，则不能原谅。同时，宽容只是表明对对方已犯的错误不予追究，并不是说对过错不要采取鲜明的态度。

在上述原则的指导下，人际交往还应当注意采用以下一些重要的方法：

第一，加强道德修养。这是成功交往的根本方法。在人际交往中，道德品质总会给对方留下鲜明、深刻的印象，对以后的交往起到心理定式的作用。如果给人留下诚恳的印象，交往就有了基础，人际关系就能发展；相反，如果留下虚伪、冷漠的印象，交往就难以继续。

第二，培养成功交往的心理品质。成功交往的心理品质包括真诚互助、热情自信、谦虚谨慎、理解宽容等。具备良好的心理品质，能增加人际吸引力。在良好的人际交往中，理解是基础，交往的双方能把自己置于对方的位置去认识、体验和思考时，就会设身处地地替别人着想，就能准确地理解别人的感情和行为，从而改善对人的态度。这种心理互换是培养交往能力的重要方法。在培养成功的心理品质的同时，还要注意克服交往中的心理障碍。常见的心理障碍有羞怯、自卑、猜疑、嫉妒、任性、自负等。要保持和发展正常的交往，就要努力克服这些不良心理。

第三，创造和谐的交往气氛。避免与交往对象发生直接的争执，是人际交往的又一方法。在生活中，任何人都不愿在别人的强迫下改变自己的观点。有些大学生常因一些小事而争得面红耳赤，结果不欢而散，伤害了彼此的感情。其实，和善比愤怒更加有力，要想说服别人，应该创造和谐的交往气氛，充分尊重对方的意见，让别人在心平气和中接受自己的观点。要创造和谐的交往气氛，在人际交往中有时应适当地称赞对方。每个人的优点总希望能得到别人的评价和赞美，如果你能给予他人适度的赞誉，给予对方以认可，他就会信任你，认为你是了解他的，就会非常乐意与你交往。当然，对别人的称赞也应当实事求是，不要言过其实。

第四，讲究交往的行为规则。正确的人际交往应该具有四个方面的规定性。一是向度规定，即明确同哪些人交往、交往的目的是什么。二是广度规定，指交往的范围，包括交往对象的多少、交往范围的大小等。三是深度规定，即交往的程度，相互交往的情感状态、人际关系的层次类型等。四是适度规定，指交往活动与其他社会活动的关系，如学习、工作、生活等安排要适度，处理好与不同的交往对象之间的关系，如一般同学与朋友的关系、友谊与恋爱的关系等。在运用这四个方面的规则时，还应当讲究礼节性行为——身体的语言，如点头、鞠躬、握手等，使用得当可增进交往的吸引力，达到良好的效果。

第五，正确运用语言技巧。语言是社会交往的工具，在交往中起重要作用。讲究语言的技巧，是培养交往能力的重要手段。从一定意义上说，交谈方式和谈话的技巧直接影响着谈话的效果和情感沟通。一般来说，交谈要态度诚恳，富有情感，让人感到亲切。要正确运用语言，学会用清楚、准确、简练、生动的语言表达自己的思想，养成对人用敬语、对自己用谦语的习惯。要注意场合和对象，亲朋好友之间谈话可以开诚布公；而与陌生人、异性、长辈的谈话，应注意分寸，说话要委婉、含蓄一些。要学会有效地聆听，耐心虚心地倾听对方的讲话，对他人的意见要尽量尊重。交谈时，态度要谦虚，不要盛气凌人、炫耀自己。要多用协商的口吻交流，切忌使用命令式语言，同时要有幽默感，注意讲话时的语气、表情，掌握节奏。

人际交往的原则和方法贵在把握和运用，只有在积极参与交往的实际锻炼中才能逐步培养和提高交往能力。

## 第二节　大学生的友谊

友谊是人与人之间美好而亲密的情感。友谊由三种心理因素构成：认知、情感与行为。认知是友谊的前提条件。人们之间之所以会形成友谊，必定对某些问题有着共同的认识与看法。所谓“一见如故”，必定是人们的见解存在一致性。而当人们发现彼此的思想观念、价值判断存在重大分歧，即使曾经是朋友也会渐渐疏远。情感是友谊的核心因素。认识一致只能说是“英雄所见略同”，却未必是“惺惺相惜”，只有当人们在交往中产生愉悦的情感体验时，才能说是形成了友谊。友谊离不开行为，友谊是在交往过程中产生的，并在不断的交往中得以维持与延续的。

### 一、友谊的价值

友谊是崇高的道德力量。朋友之间应主动关怀对方，促使对方不断进步，帮助对方克服困难与挫折，为对方分担痛苦与忧愁，自觉维护对方的人格与尊严。友谊总是把自己的命运和他人的命运联系在一起。友谊是鼓舞人前进、促进人发展的重要力量。在追求理想与目标的过程中，人总难免会遇到困难与挫折，也会产生焦虑、失望与恐惧。而朋友的支持、帮助与鼓励，可使人摆脱恐惧，振作精神，奋发努力。友谊反映美好的人生境界。春秋时伯牙善鼓琴，钟子期善听音。伯牙鼓琴，志在高山。钟子期曰："善哉，峨峨兮若泰山！"志在流水，钟子期曰："善哉，洋洋兮若江河！"伯牙所念，钟子期必得之。钟子期死，伯牙绝弦，终生不复鼓琴。这就是关于"知音"的传说。爱因斯坦认为："世界上最美好的东西，莫过于有几个头脑和心地都很正直的真正的朋友。"达尔文说："说到名声、荣誉、快乐、财富这些东西，如果同友情相比，它们都是尘土。"鲁迅则在赠给瞿秋白的照片背面题词："人生得一知己足矣，斯世当以同怀视之。"可以说，友谊提升了人的价值与存在的意义。没有友谊的人生是悲凉的。

友谊对于大学生来说，具有特别重要的意义。首先，友谊是大学生主要的情感依托。儿童时期，人的心理不成熟，阅历有限，也由于家庭、社会及客观环境对人的限制，人际交往的范围与程度有限，父母是最主要的情感依托对象。到了青年期，心理上的成熟导致自我意识迅速增强，同时随着成熟度的增加，青年交往的选择性、稳定性及深入程度比起少年儿童时期已有了飞跃性的发展。在这一时期，青年人的成人感增强，逐渐减弱了对父母、师长等成人的情感依赖，把情感依赖的方向转向同龄人。同龄人之间的平等交往可以使大学生获得自我满足感。友谊是大学生认识自我的重要途径。大学生在与同学的交往中容易相互影响、相互模仿，能够彼此从对方身上找到衡量自己的尺度，发现并学习对方的长处与优点，不断促进自我的完善与发展。友谊可以加快大学生社会化的进程。《礼记·学记》说："独学而无友，则孤陋而寡闻。"《诗经·国风·卫风》中用"如切如磋，如琢如磨"来描摹朋友间的相互学习与相互砥砺、促进。

### 二、友谊的培养

友谊是在交往过程中产生的，却并非所有的人际交往都会产生友谊，友谊有一个建立和不断发展的过程。一般说，这一过程可以分为几个阶段。第一阶段是注意到对方的存在，甚至知道对方的一些情况，但尚未有过接触和交往。第二阶段是表面接触，双方因为工作、学习或其他社会活动的原因，或者纯粹出于交往的目的，相互接触，彼此吸引，但还谈不上建立友谊。第三阶段是建立友谊。在继续接触和交往过程中，对对方越来越感兴趣，直至信任对方，获取信息便向对方转述，得到见解便与对方交流，有所悲喜便向对方倾诉。这一阶段，友谊已然建立。第四阶段是深度发展阶段。双方在感情上达到相互依赖的程度，一有悲喜，渴望对方立即在他身边，分享快乐，分担忧愁，否则便觉痛苦。这一阶段，双方可以说是“知音”了，会产生“得一知己足矣”的心理体验。

友谊的结束也有一个过程，一般经历四个阶段：淡漠阶段，因认识分歧或利害冲突，感情上不再彼此依赖；冷漠阶段，降格为泛泛之交，无感情可言；疏远阶段，关系进一步恶化，双方相互回避；分离阶段，双方不再接触，彻底决裂。友谊结束在多数情况下不会导致人际关系恶化。

友谊的建立和发展有其规律可循，最值得注意的是人际吸引的规律。主要表现为接近吸引、相似吸引、互补吸引、仪表吸引、人格吸引等五个方面。

美国人费士丁格曾调查过一居民区，该居民区迁入170户居民，原先彼此互不相识。过一段时间，研究者要他们举出新交三位朋友的姓名，结果发现新朋友基本上是邻居、同楼层的人、信箱靠近的人、走同一楼梯的人。[①]常言道“物以类聚，人以群分”，年龄相似、生理心理发展水平相近、社会经历相似的人共同语言多，社会地位、生活境遇相近的人易于沟通和相互理解，兴趣爱好相似的人能够迅速成为好友，思想观念相似的人时常聚而不散，这是相似规律在起作用。知识、能力等方面的互补能够增加交往双方的亲和力，产生友谊。刘邦称其运筹帷幄、决胜千里之外不如张良，镇守国家、安抚百姓、供给军粮不如萧何，战必胜、攻必取不如韩信，但他是“不善将兵，善将将”的统帅之才，四人结合在一起，终于打败了勇猛善战的项羽，建立了汉朝，这与他们之间以互

① 参见时蓉华:《现代社会心理学》,华东师范大学出版社1989年版,第340页。

补的方式建立起友谊不无关系。实际生活也证明，胆大心粗与胆小心细之人易于合伙共事，性格外向与性格内向之人能够长期友好相处。亚里士多德说："美丽比一封介绍信更具有推荐力"，他说的是仪表在建立友谊中的特殊作用。人格吸引对友谊的建立和发展所起的作用最为明显，道德人格理论上主张的表里如一、言行一致，心理学意义上的人格所阐明的气质、性格、兴趣、意志等，都是建立和发展友谊的必备条件。有一项心理调查结果表明，人们相互之间易于建立和巩固友谊的因素中与人格有关的，值得信赖占89%，待人忠厚占88%，热心且富于感情占82%，爱帮助人占76%，诚恳坦率占75%。无人愿意与自私自利、虚伪奸诈、冷酷无情的人交友。[①]

## 三、异性之间也有友谊

法国作家罗曼·罗兰说过：事业、爱情和友谊是人生的三大支柱。心理学家认为，男性的阳刚气质和女性的阴柔情感，可以产生某种心理上的互补，促使男女双方之间有互相接触和了解的欲望，当这种欲望付诸行动时，往往会产生友谊，结为朋友，并可能发展为爱情。男女大学生由于性生理的发育成熟，性意识的发展觉醒，加之社会环境的刺激和影响，在共同学习生活中频繁交往，彼此容易产生好感，建立起友谊关系，这是正常的现象。异性同学通过交往建立的友谊是大学生友谊中的一个重要组成部分。异性间的交往有助于青年消除对异性抱有的神秘感，促进相互间的了解，培养与异性相处的能力，获得异性的信赖和友谊，使情感得到必要的宣泄、补偿和升华。事实证明，人们为了得到异性的好感和赞赏，往往自觉不自觉地扬长避短，注意仪表、言谈等，形成良好的习惯和修养。

但是，大学生由于生理和心理的发展处于青少年和成年人的中间状态，在处理与异性的交往方面往往显得比较幼稚和不成熟。他们在同异性接触、接近到追求的过程中，往往会产生好奇、敏感及不平衡的心态。

① 参见张春兴：《现代心理学——现代人研究自身问题的科学》，上海人民出版社1994年版，第594页。

有一些同学一方面想接近异性，同异性正常交往；另一方面碍于世俗偏见和日益增强的羞怯感，又不敢与异性交往，往往装得满不在乎，或故意避开，或沉默不语，或独自烦恼，而将真实的交友需要闭锁在心底。这种矛盾心理，常常会使他们感到惶恐不安，甚至出现自我孤立、敌视异性等不良心理现象。

产生这类现象的原因有以下几种：第一，与异性接触的机会太少，接触得越少，就越缺少接触的经验；越缺少经验，就越不知所措，就越感到害羞。第二，与异性交往受过挫折。有的大学生本来和异性交往是很自然的，但由于交往受挫或被人嘲笑过，再见到异性就感到非常不好意思，由挫折导致难堪，又由难堪导致反感，最后由反感发展为其他不良心理。第三，观念上的原因。很多人从小受"男女授受不亲"这种传统观念的影响，对异性总是高度戒备、高度紧张，把和异性交往看得过于严重，久而久之就形成一种条件反射，想到异性就害羞，甚至害怕。第四，害怕受到异性的冷落。人们往往越想获得成功就越怕出问题，和异性交往也是这样。由于害怕受冷落，在和异性交往时，就会把冷落预计在先，而不敢与异性交往。实际上，从正常的交往和友谊来看，只要我们把异性交往看作人类交往中最自然的事情，不再躲闪回避，就能感受到与异性交往的纯真与自然。

异性之间的交往，除了应遵循一般的人际交往原则外，还应该注意到性别差异这一特殊性，应遵循以下交往原则：其一，端正交往动机，以正确的人生观和道德观为指导，发展健康、文明的朋友关系。其二，保持人际距离，异性交往要保持一定的距离，把握分寸。其三，异性之间交朋友最好不要过多单独活动，即使需要单独相处，也应选择适合的环境和场所。其四，建立广泛的友谊圈，多参加男女同学共同参与的活动，与多个异性交往，这样可以学到更多的东西。其五，异性之间要理智地把握好友谊与爱情的界限。

异性之间的交往发展有两种可能：一是在交往中相互吸引，从而将友谊发展为爱情；二是长期保持朋友关系。可见，友谊与爱情既有联系又有区别。异性间的友谊常常是爱情的基础和必要条件，男女青年通过交往建立友谊，随着交往的深入，情感深化发展为爱情。友谊和爱情是有区别的。爱情以异性间的性爱为基础，是建立在男女之间的一种崇高纯洁的情感；爱情的目的和归宿是两性的结合，组成家庭；爱情是专一的、排他的，只能是在一对男女之间形成的特殊感情。友谊则不具备这些特点。友谊和爱情在一定条件下可以互相转化。

大学生由于判断上的失误，误把友情当爱情的现象时有发生，这是由于双方之间不够了解造成的。发生了这种误解，不必过分地悲伤和痛苦，而应该冷静地分析。对方平时待你很好，愿意同你相处，或是因为志趣相投，或是因为性格相近，或是出于某种责任和义务愿意帮助你，与你做好朋友，这是正常的。而当他在处理爱情问题时，或许想得更深远一些，希望找个更理想的人，这也是人之常情。也许产生误解的一方会感到痛苦，但不应该因自己感情受到伤害而去报复对方，应反躬自问：自己在认识、理解与把握异性之间的友谊上是否存在问题？

## 第三节　大学生的爱情

随着年龄的增长，人的脑垂体性激素的分泌量增加，特别是进入青春期以后，第二性征出现，性腺逐渐发育成熟，性意识觉醒，青年开始关注两性关系及对待异性的态度和行为规范。一般认为，性意识的发展大体经历性疏远、性亲近和恋爱三个时期。但是，进入了生理的恋爱期，并不意味着人们就懂得了爱情。

### 一、认识爱情

爱情，这个古老而又充满魅力的话题，古往今来，被人们蒙上了一层层神秘的面纱。多少文人墨客乃至大学问家都试图揭开其层层面纱，探究其内在本质，从而得出了许多不同的结论。

古希腊哲学家苏格拉底认为：爱情是人的自然本性，是“美貌”“肉欲”“好感”三种情感的结合。德国哲学家黑格尔认为：爱情是男女双方心灵和精神上的统一。奥地利精神分析学家弗洛伊德认为：爱情是性本能的表达与升华。以往历史上关于爱情本质的代表性看法，大致可以归纳为“唯精神论”和“唯性欲论”两类观点。“唯精神论”认为，爱情是纯精神的，它与性欲绝对排斥，是男女在精神上的依恋，它将爱者的情感完全融化在所爱的人的关怀之中。“唯性欲论”则认为，爱情是纯粹的性本能，性欲是爱情产生的唯一根源，爱情的目的仅仅是为了性欲的满足。这两类观点都是对爱情本质的片面、肤浅的认识。直到19世纪，马克思主义创始人才科学而深刻地揭示出爱情的本质。

马克思主义认为，爱情的本质是自然属性与社会属性的统一，即性爱和情爱的统一。首先，作为自然属性的性爱是爱情的基础。恩格斯指出：“人来源于动物界这一事实已经决定人永远不能完全摆脱兽性，所以问题永远只能在于摆脱得多些或少些，在于兽性或人性的程度上的差异。”[①]性的需要是人所具有的强烈的自然需要之一，男女之间的爱情正是在这种原始动力的驱动下产生的。其次，作为社会属性的情爱是爱情本质的反映。性爱虽然是爱情的基础和原始动力，但爱情不等同于性欲。脱离男女双方在思想、情操、志向、趣味等方面的共鸣、倾慕，仅凭单纯的性爱，爱情是难以长久维系的。爱情作为社会现象，也必定会受到物质生活条件、道德风俗、价值观念等社会因素的影响。社会属性体现出人与动物的区别，是爱情本质的反映。

我们认为，所谓爱情是一对男女基于一定的客观物质条件和共同的人生理想，在各自内心形成的对对方最真挚的仰慕，并渴望对方成为自己终身伴侣的最强烈、稳定和专一的情感。它是在一定社会、经济、文化条件下，两性以共同的生活理想为基础，以平等互爱和自愿承担相应义务为前提，按一定道德标准自主地结成的具有一种排他性和持久性的特殊社会关系。爱情作为人类社会两性之间的一种特殊关系，它不仅与单纯的性欲有着根本的不同，同时与其他的关系也不相同，具有自身的显著特征：

第一，爱情具有自主性。两性之间爱情关系的成立，必须是当事人

①《马克思恩格斯选集》第3卷，人民出版社1995年版，第442页。

的自愿。在特定的情况下，虽需要通过他人的中介作用，也不排除需要听取父母及他人的意见，但最终必须是出于本人的自愿，由当事者自主决定。

第二，爱情具有对等性。爱情要以互爱为前提，来不得半点勉强。一方爱上另一方，同时又要得到另一方同样的爱，这样，才能构成爱情关系。因而，一方不能强制另一方与之结合，强制的结合，绝不是爱情。同时，不能因为自己爱对方，也要求对方必须爱自己，“单相思”不是真正的爱情。真正严肃的爱情的产生是不容易的。英国作家哈代说：“呼唤的与被呼唤的，很少能够相互呼应。”爱情需要“两情相悦”，而这不是任意的一对男女之间都能做到的。总之，爱情必须是对等的，是互相爱慕的关系。

第三，爱情具有专一性和排他性。爱情是一个男子与一个女子之间的爱慕关系。这种关系包含自己特有的感情和道德义务，它只能存在于恋爱双方，是不能容许第三者介入的。因此，一旦双方确立了恋爱关系之后，就必须一心一意，不能三心二意。任何一个人同时与几个异性发生恋爱关系，都是不道德的，是与真正的爱情背道而驰的。

第四，爱情具有持久性。这是指爱情所包含的感情因素和义务因素，不仅存在于婚前的恋爱过程中，而且存在于婚后的夫妻生活和家庭责任中。在整个夫妻生活与家庭责任中，双方都要忠贞不渝，经得住人生道路上的种种波折和考验。鲁迅说，爱情必须时时更新、生长、创造。如果双方或者一方，把结婚看成爱情的坟墓，或者一方因地位的变化而朝秦暮楚、见异思迁，那就不是真诚纯洁的爱情，而是不道德的行为。

第五，爱情具有道德性。爱的核心因素是责任。恋爱双方都负有道德责任（婚后更上升为法律责任）。这表现在既要分享对方的幸福与快乐，又必须分担对方的痛苦与困难。爱情既是两性间特殊的社会关系和道德情感，同时又是一种特殊的道德活动。这种活动表现在双方把自己的整个身心转移到关怀对方的身上，为了使自己所爱的人获得幸福，而甘愿付出艰苦的劳动，甚至作出巨大的牺牲，从而使双方融为一体，以使爱情生活日趋高尚和完善。这样的道德情感、道德活动是贯穿在爱情关系的整个过程中的。人们正是用这些道德内容或道德标准来衡量爱情是否高尚、纯洁，是否符合道德原则的。

## 二、大学生的恋爱现象

由于理想信念、人生观和价值观不同，大学生谈恋爱形成了不同的类型，概括地说有以下几种：

第一种是情欲型。一些大学生受青春期性本能的驱使或受描写性爱的影视文学作品的影响，控制力较弱，进行模仿尝试，追求性刺激，以满足性欲为目的与异性同学交往、恋爱。有的甚至把恋爱当成娱乐，逢场作戏，玩弄异性。这些学生只注重异性的外表，追求感官上的愉悦。这种恋爱忽视或无视爱情内涵中所应有的社会性因素，是一种不健康的恋爱类型。

第二种是功利型。这是一种实用主义的恋爱类型。有的同学谈恋爱首先看的是对方的物质条件，看中对方父母或亲戚的名利地位，也有的同学利用恋爱因素，希望在毕业分配上得到照顾等。这类大学生往往出于利益而恋爱，“契约”达成之前已把对方算计得一清二楚，把恋爱当作谋取功利的手段，这其实不是真正的爱情。

第三种是慰藉型。大学生正值“心理断乳”时期，常常与自身和社会发生冲突，渴求社会和他人的理解，有时会产生莫名的惆怅和孤独。当周围的环境不能满足这种心理需求时，有的学生往往以恋爱的方式向异性伸出求援的手。在外人看来，他们是在谈情说爱，其实他们不过是在寻找心理慰藉，以排解内心的孤寂。一旦寂寞感消失，恋爱关系也就中断。

第四种是理想型。这些同学往往缺乏理性思考，对爱情充满理想色彩，一旦认定某个异性与自己理想中的偶像吻合，就会不顾一切地去追求，并甘愿为之牺牲一切。这类同学把爱情理想化，情感比较脆弱，一旦遭到挫折便会非常痛苦，并易导致心理疾病。

第五种是志向型。把感情融洽、志趣相投、事业成功作为爱情的基础。双方都注重事业和精神生活的追求，遵循道德标准，互相尊重，行为端庄大方，感情热烈而且举止文明，注重思想上的沟通，以和谐的精神生活和事业的共同追求为目标。这些同学一般对学业、理想、能力、品德等方面都有较高的要求，能自觉地克制自己的感情，处理好恋爱与学业的关系。

大学生的恋爱，除了具有一般青年恋爱过程中所具有的排他性、冲动性、强烈性、直觉性和依存性以外，还具有自己独有的特点：

第一，恋爱的浪漫色彩浓厚。大学生的恋爱，对爱慕之情、人生看法谈得较多，而很少甚至根本不讨论结婚、家庭等具体问题。这种浪漫色彩掩盖了爱情实际存在的问题。大学生缺乏挫折的磨练，比较脆弱，一旦遇到问题，便很容易感情破裂，这是大学生恋爱成功率较低的重要原因之一。

第二，自主性较强。大学生谈恋爱，都是自己做主，个性特点强，不信奉什么统一的模式。社会上的青年在明确恋人关系前，一般征求家人的意见，甚至第一次见面就在家里进行；明确恋人关系后，双方家长来往密切，成人指导贯穿于各个环节。大学生则不大相同，自己看准了就去追求，甚至确定关系后家长都不知道，而且大多数是瞒着老师进行的。

第三，盲目性较强。有些大学生把在校期间谈恋爱作为一种取得生活经验的实践活动，也有的学生对异性有神秘好奇之心，千方百计想跟异性接触。他们在恋爱中常常连究竟爱什么、为什么爱这些基本问题都没有弄清楚。

第四，公开性。随着西方文化和生活方式的冲击，传统观念覆盖下的两性关系的帷幕被撩开。过去许多高校明文规定禁止大学生谈恋爱，因而，谈恋爱属于“地下活动”，恋爱双方既不愿让其他同学知道，更不希望让老师知道。现在，学校虽没有明确赞同，但态度较过去有所缓和，大学生的恋爱活动便由“地下”转为公开。

第五，感情表达的随意性。现代大学生谈恋爱一改传统的以含蓄、内在、深沉为美的形式，而是在公开场合下手拉手、肩并肩，整日形影不离，甚至搂搂抱抱，置旁人于不顾。不文明的恋爱行为不仅造成不良的影响，而且还影响了大学生的正常学习和身心健康。

针对上述情况，提倡理智、严肃地对待爱情，摆正恋爱与学业的关系，保障身心健康发展，是十分必要的。

## 三、树立健康文明的恋爱观

恋爱观是指对待择偶和爱情的基本看法和态度。就大学生自身而言，他们对恋爱的态度是不一致的，基本上分三种情况：其一，对大学生恋爱问题持赞成的态度。他们认为大学期间的青年正值情窦初开，生理发育已经成熟，心理也趋于成熟，这个时期谈恋爱是正常的、自然的。其二，对大学生恋爱问题持反对态度。他们认为大学时光是短暂的，学习机会难得，不应该分心于其他，应抓紧时间打好扎实的学习基础，再说大学生的心理发育还没完全成熟，恋爱成败带来的情绪起伏会影响学习，不如等毕业后工作稳定了再谈。其三，用模棱两可的态度对待大学生恋爱问题。他们认为，不应论证大学期间谈恋爱是否应该，而应顺其自然，遇到合适的就谈，没有成熟的时机也不强求。目前大学生对待恋爱问题的基本看法和态度，已经成为一个不容忽视的思想和心理问题，需要加以正确的引导，帮助他们树立健康、文明的恋爱观。

大学生应选择较为适当的恋爱时机。一般认为恋爱应具备如下条件方为可行：生理和心理相对成熟，理想和人生观相对稳定，社会阅历相对丰富，经济相对独立。每个同学的条件千差万别，不可一概而论。但是一般来说，大多数大学生，特别是低年级学生基本不具备上述四个条件。所以，专家建议，大学生谈恋爱还是稍晚些为宜。

恋爱中的大学生要处理好恋爱与学习的关系问题。虽然从生理与心理发展情况看，多数大学生具备了谈恋爱的条件，真正涉足“爱河”也是无可厚非的，但是，大学生一定要把学业放在第一位。大学阶段是人生的黄金时期，人一生成就的取得，往往取决于大学阶段的刻苦用功。大学生的学习任务非常繁重，恋爱问题处理不当就会分散学习的时间和精力，影响学习与成才。因为恋爱而荒废了学业，会抱憾终生的。

恋爱中的大学生要处理好恋爱与广泛交往的关系问题。恋爱本因交往而发生，但是恋爱中的部分大学生反过来封闭于二人世界中，有的甚至干涉对方与外界交往。这就使恋爱中的人离社会和集体越来越远，影响了大学生的社会化进程，影响了大学生素质的提高。

恋爱中的大学生要处理好恋爱与道德的关系问题。谈恋爱的动机要合乎社会道德标准。任何欺骗、强迫，或以爱情为手段追求与爱情宗旨相违背的目的，都是违背社会道德标准的，是对爱情的纯洁性的亵渎。恋爱绝不仅仅是得到快乐，而是要严肃地承担对对方的责任。爱情的表达方式要文明。柏拉图曾说："真正的爱就是要把疯狂的或近乎淫荡的东西赶得远远的。"虽然这在某些人看来，践履起来是困难的，但正因为其难，才显示出其珍贵。那些在公众场所不文明的恋爱方式的表达，便违背了基本的社会公共道德规范。

恋爱中的大学生要正确处理好失恋问题。失恋是不幸的，但首先要冷静分析其原因。如果因对方的品质不好、见异思迁，这本身就没有什么可惜的。如果因自己的能力不济、修养不够，就应自我检讨，改正缺点，努力学习，提高素质。失恋不等于爱情的失败。居里夫人早年爱情受挫，后至法国与科学家居里结为伉俪，成为传世佳话。失恋更不等于事业的失败。科学家诺贝尔、音乐家贝多芬等人，终生"情场失意"，但并无损于其巨人形象。失恋不能失志，失恋更不能失德，失恋后一味纠缠对方，甚至打击报复，为道德法纪所不容，更为世人所不齿。

总之，大学生必须懂得爱、理解爱、学会爱，才能使爱的情感得以培养，爱的品质得以提高，爱的境界得以升华，才能使自己的人生更丰富、更充实、更有意义。

## ■ 实例研讨

焦阳，19岁，某大学一年级学生，因失恋而非常痛苦，难以自拔。这是她的第一次恋爱，而且是自己主动追求对方。相恋后不到一个学期，两人曾因个性不合、观点分歧、精神相容度差发生过多次争吵，结果对方越来越不耐烦，最后移情别恋。这对她是一个沉重的打击，使她对新的生活所有的期待与憧憬顷刻间化为乌有。多日来，她情绪抑郁，心烦意乱，想要忘掉这件事，却无论如何也忘不了。失恋的痛苦像恶魔一样，无情地折磨着她。

请问：焦阳的失恋原因对你有哪些启发？

**思考题**

1. 人际交往对大学生的成长与发展有什么影响？
2. 结合自身经验谈谈人际交往应遵循哪些原则。
3. 怎样才能处理好恋爱与学业的关系？

# 第三章　树立崇高的理想信念

每个人都有一定的理想，这种理想决定着他的努力和判断的方向。就在这个意义上，我从来不把安逸和享乐看作生活目的的本身——这种伦理基础，我叫它猪栏的理想。

——[美]爱因斯坦

无论哪个时代，青年的特点总是怀抱着各种理想和幻想。这并不是什么毛病，而是一种宝贵的品质。

——[俄]加里宁

革命理想，不是可有可无的点缀品，而是一个人生命的动力，有了理想，就等于有了灵魂。

——吴运铎

理想信念是人精神上的“钙”。没有理想信念或理想信念不坚定，精神上就会“缺钙”，就会得“软骨病”。

青年是祖国的希望，青年理想的不断实现，昭示的正是祖国未来的美好前景。我们伟大的祖国将伴随着青年理想的实现而腾飞，而要实现理想，每个青年又都应当有着正确、坚定的人生信念。作为新世纪的大学生，更应当顺应人的成长规律和时代的发展趋势，自觉树立远大、科学的人生理想和正确、坚定的人生信念，并在它们的引导和激励下，在人生的道路上意气风发，阔步前进，从而积极地担负起时代所赋予的历史使命，在不懈地追求社会理想与个人理想的过程中，充分地实现自己的人生价值。

## 第一节　理想信念与大学生成长成才

理想信念是人类特有的精神现象，它就像是一道分水岭，把人与动物区别开来，把高尚充实的人生与庸俗空虚的人生区别开来。崇高的理想和坚定的信念，是人生前进的动力和精神支柱。

### 一、理想的含义、特征和类型

“理想”指对未来事物的想象或希望，多是有根据的、合理的，跟空想幻想不同。在中国古代，理想叫作“志”即志向，立志即树立理想。具体来说，理想是人类特有的一种精神现象，是人们在实践中形成的并可能实现的，对未来社会和自身发展的向往和追求，是人们的世界观、人生观和价值观在奋斗目标上的集中体现。理想具有以下特征：

第一，理想具有超前性。这是理想最为鲜明的特征。理想是指向未来的，是在充分认识现实的基础上建构起来的未来图景。所以，理想是对现实的超前反映，是超越现实的。理想之所以看起来非常美好，就在于它是对现实的超越；理想之所以对人生、社会发展产生巨大的推动作用，也正在于它的超前性。

第二，理想具有实现的可能性。理想虽然是对未来的一种想象，但并不脱离现实，它是立足于现实基础上的对未来的合乎规律的想象，其本质在于这种客观必然性的运动趋势与人们主观意志的有机统一。今天的理想，就是明天的现实，是将要发生的现实。经过人们的努力，理想完全可以变为现实。因此，理想与梦想、幻想和空想存在着本质区别。梦想和空想是缺乏现实根据和实现的现实可能性的，幻想虽然不一定是违反客观规律的主观臆想，但也只是理想的准备形态，只有在必要的现实条件出现后，幻想才可能转化为理想。

第三，理想具有时代性和阶级性。与人们所处的社会生活条件和阶级地位相联系，不同的时代、不同的阶级有着不同的理想。“饥寒的年代里，理想是温饱；温饱的年代里，理想是文明；离乱的年代里，理想是安定；安定的年代里，理想是繁荣。”诗人流沙河在《理想》一诗中对理想的描绘，正是理想的时代性的写照。在阶级社会中，理想必然会打上阶级的烙印，人们往往从他们所处的阶级地位、阶级利益出发，去构想自己的和社会的未来。历史上剥削阶级的理想是过高人一等的奢华生活，西方资产阶级的理想是控制和掳掠不发达国家的人民，称霸世界。无产阶级的理想则是推翻资本主义社会，消灭一切剥削和压迫，建设社会主义，最终实现共产主义。

第四，理想具有实践性。理想的实践性是由其现实可能性决定的。一定的理想总是同一定的社会实践相联系，在人们所从事的社会实践中，理想逐渐清晰、明确；随着人们所从事的社会实践的范围、深度不断发展变化，理想也会不断地得到巩固或修正。此外，理想要想变为现实，需要一定的社会条件，这些条件也只有通过人们的艰苦实践才能逐步具备。

人们的理想是多方面的和多类型的。认识理想的类型，有助于我们从社会生活的各个方面确立理想和目标，从而使理想真正变得全面和科学。

从理想的性质上看，有崇高、远大的理想和狭隘、庸俗的理想之分。崇高、远大的理想是立足于祖国和人民的需要基础之上的，树立这种理想的人更多地关注国家繁荣、人民幸福和人类的彻底解放，对社会作出贡献是其实现理想的根本途径。这种理想会带给人持久的精神动力，它的实现则会给人带来恒久的幸福。怀着狭隘、庸俗理想的人，一般只关注个人或小家庭狭隘私利的满足，与崇高、远大理想相比，它也许会给人带来一时的快乐和满足，但这种快乐和满足是不能长久的。在这两种理想之间，爱因斯坦的选择无疑为我们指明了方向：“我从来不把安逸和享乐看作生活目的的本身——这种伦理基础，我叫它猪栏的理想。照亮我的道路，并且不断给我新的勇气去愉快地正视生活的理想，是善、美和真。”

依据目标实现的顺序，理想可以分为最终理想、阶段理想、近期理想。实际上，这是对于理想目标实现进程的一种阶段性划分。最终理想是最高层次的理想，是中期、近期理想的方向；中期、近期理想是实现最终理想的基本途径和实际步骤。就个人来说，每个人的人生历程中都会有与其最终目标相一致的阶段性目标，也都是一步一步地实现阶段性目标并向最终目标迈进的。一般说来，阶段理想、近期理想是指向最终理想的，而阶段理想和近期理想则是看得见的行动目标，它们更容易让人感受到理想的现实性。理想的目标越清晰、越具体，实现的可能性就会越大，也越容易激发人们的热情，增强人们的自信心。在实现理想的过程中，为了最终理想的实现，应当首先确立阶段理想和近期理想，并努力使转之化为现实。

从理想内容上看，理想主要可分为社会理想、道德理想、职业理想和生活理想四个方面，它们又分属个人理想、社会理想两大类型。这是对理想类型进行划分的一种重要分类方法。个人理想，是指处于一定历史条件和社会关系中的个体对自己未来的物质生活、精神生活所产生的种种向往和设想，它包括三个方面：其一，个人的职业理想，即个体希望从事的职业及其对职业成就的预期目标。其二，个人的道德理想，即个体预期形成的道德品质和所想体现出的道德境界。其三，个人的生活理想，即个体对自身及家庭所应体验、享受到的物质生活、精神生活的结构、质量等方面的设想。社会理想就其基本内涵来说，是人们对自身与社会关系发展的美好前景的展望和构想。它以对社会现实的不满足为前提，包含着对发展中的未来需要的积极预测，集中地体现了人类所独有的对未来社会理想模型的超前建构、主动创造和锐意追求。简言之，社会理想是对社会在总体上的“应然”状态的一种预期，是人们在社会结构、社会制度、社会秩序、社会风尚、社会生活质量等方面的构想。它的内容较个人理想更为广泛，主要由社会政治理想、社会道德理想和社会生活理想等方面构成。其中，社会政治理想是一定社会的阶级或个人对未来社会的政治结构和社会制度的追求、向往和设想，在广义上，包括对未来社会的经济、政治、文化等方面的总体规划。社会道德理想是人们对未来社会的道德规范和道德风貌的预想。社会生活理想则是对未来社会生活资料的数量、质量与结构状况以及人类的生活风格、生活方式的向往和追求。

理想内容的各个方面并不是孤立的、绝对的，而是相互渗透、相互联系、相互影响、相互制约的。个人理想反映着社会理想的共同要求，社会理想制约和指导着个人理想，社会政治理想则最根本、最重要，它既对社会理想的其他方面起着主导和支配作用，还决定着人们的个人理想的实现途径和实现程度。因此，在人们确立人生理想时，至关重要的是要确立起正确的社会政治理想。一个真正具有崇高的社会政治理想的人，一定会选择具有高尚道德的人作为自己学习的楷模，选择有利于其理想实现的社会职业，追求文明、健康、科学的生活方式。

## 二、信念的含义、特征和类型

信念是人们在一定的认识基础上确立的对某种社会制度、理论主张或思想见解坚信不疑并身体力行的心理状态。

从信念形成的心理机制看，信念是认识、情感、意志综合作用的结果，是三者的融合和统一。信念包含着认识的内容，一个人的信念正确与否，关键在于人们对信念对象认识是否正确。但认识并不等同于信念，认识所解决的是关于信念对象的知识问题，情感所解决的则是关于信念对象的接受问题，它促成了关于信念的知识向内心体验的转化，由此才会产生身体力行的要求。意志是形成信念的关键，人们的信念是否坚定，主要取决于意志因素的作用。意志可以使人对信念的对象坚信不疑、坚定不移。意志活动还会使人在实际行动中表现出一种坚持精神，在信念的支撑下做到矢志不渝、终生无悔，直至牺牲自己的生命。“天生我材必有用”，“砍头不要紧，只要主义真”，这些诗句所传达的都是一种坚定的信念。

信念具有以下三个重要特征：其一，坚定性是信念的基本特征。在价值倾向和心理定式上，主体对信念的对象是否真实、正确的问题，一般都抱有毋庸置疑的态度。凡是信念的对象，不论它实际上是否真实、正确，都是信念主体确信无疑的。其二，信念具有稳定性。由于人们对信念的对象在认识上坚信不疑，在情感上强烈认同，同时还获得了意志力量的支持，各种信念一旦形成，就会具有远比一般认识更强的稳定性。所以，信念在人的价值观念结构中是最稳定的。其三，信念还具有执着性。人们一般都是从自己的信念出发去观察事物、处理问题的。由于信念的不同，人们就会对世界上各种事物有着不同的理解，以致采取不同的态度和行动。

人的信念是一个复杂的系统，具有特定的层次和结构，也可依据不同的标准划分为不同的信念类型。在以内容作为依据划分出的信念类型中，最为重要的信念有以下四类：

第一，政治信念。即人们对国家、政党、社会革命、政治制度和设施等一系列政治问题的一贯看法。政治信念一旦形成，不但指导着一定阶级、政党去建立与之相适应的政治制度和政治设施，而且决定着人们的政治立场、政治方向和政治态度，并指导人们的政治活动。一个人如果没有正确的政治观点，就等于没有灵魂；没有正确的政治信念，就无法保障人在政治观点上的正确性，就会使人迷失方向。

第二，科学信念。它是指人们对反映自然、社会和人类思维等客观规律的科学知识体系的信服。科学信念，通常又被称为科学信仰，它所体现的是人类的科学理性，是建立在观察、思考及实践检验的基础之上的，而不是建立在幻想的基础之上的。在历史上，科学信念是与宗教、封建迷信相对立的。宗教、封建迷信都是在非理性、虚幻的认识基础上建立的对超自然、超社会的神秘力量的崇拜和依赖。当然，信念本身也有科学、非科学之分。建立在科学理论、事物发展的必然趋势上的信念是科学的信念。马克思主义所揭示的是关于自然、社会和思维发展的最一般的规律，因而马克思主义是科学的信念。

第三，道德信念。它是指人们对一定社会的道德原则、道德规范体系所持的信奉态度。就今天我国的社会现实生活而言，坚持为人民服务的宗旨和集体主义的道德原则，自觉抵制资产阶级道德以及其他落后、腐朽道德观念的侵蚀，做一个有理想、有道德、脱离低级趣味的人，就是我们应当确立的道德信念。

第四，生活信念。即人们对日常生活准则和未来生活前途的坚信态度。生活信念人人都有，只是存在科学与不科学、正确与错误、积极与消极的差别。生活信念直接决定着一个人生活理想的确立、对待生活的态度和安排生活的具体策略。

信念与信仰的联系最为密切，两者在许多情况下是被当作同义词使用的。了解和把握信念的真正意义，还在于它对人们的信仰起着决定性作用。信仰是指人们对体现着最高生活价值的某种对象的始终不移的信赖和执着追求，尤其是对社会制度和主导型意识形态的尊崇和信奉。信仰是建立在一定信念的基础上的，在一定意义上，信仰可以说是最高层次的信念，它统摄集合在它周围的具体信念。对一个人来说，信念的主要作用在于指导和支配行动，信仰则保证精神上的坚定性。我们常说的“资本主义必然灭亡、社会主义必然胜利”，“马克思主义的基本原理是颠扑不破的真理”，既是信念，也是信仰。在社会价值的层面上，信仰比信念更丰富、更深刻，信念一旦转化为信仰，就会产生更为深刻、显著的社会作用。

## 三、理想信念的作用

理想信念一经形成，都会成为重要而持久的精神力量。进步的、科学的理想，无论对于人们改造自然、改造社会的实践活动，还是对于个体的人生实践，都有着重要作用。信念是人们生活尤其是精神生活中不可缺少的一个方面，它同样对人们会产生重大影响。对于个人来说，理想信念的重要作用主要在于：

首先，指引人生的奋斗目标。理想信念对于人生有导向作用，是人的思想和行为的定向器。正如诗人流沙河所说：“理想是石，敲出星星之火；理想是火，点燃熄灭的灯；理想是灯，照亮夜行的路；理想是路，引你走到黎明。”理想就是这样为人们指明了一生努力的方向和目标。不同的理想信念对生活的影响是不同的，杰出人士与平庸的人的差别很少在于天赋、机遇，起决定作用的因素是理想。一个人只有确立了崇高的理想信念，才能使自己的人生之舟沿着正确的航线乘风破浪、奋勇前进。

翻开人类历史的画卷，大凡有所作为的人，都有坚定的志向和明确的目标。一个人也只有树立了崇高的理想，明确了奋斗的目标，才能在人生追求中不断攀登并取得累累硕果，从而使自己的生命大放异彩。

其次，提供人生的前进动力。人生之舟在航行中不仅需要物质方面的动力，更需要精神方面的动力。而在精神动力中，理想占据着中心地位。因为一个人一旦确立了崇高的理想，并坚定不移地付诸实践，他就会产生一种不达目的誓不罢休的意志。人生的道路上并不总是充满阳光、鲜花，还有崎岖和坎坷。当我们遭受挫折与失败的时候，理想信念就会给我们提供前进的动力，产生巨大的精神力量。

理想是人们前进的动力，但它必须在科学信念的支持下，才能真正发挥效能。信念是在人对自然和社会的真实存在及其发展规律的正确认识基础上发展起来的，信念为人提供了判断事物是非曲直的标准；信念激发和增强人的激情和热情，赋予人以深厚的情感体验；信念是行为的内在支柱，能使人在实现理想的进程中冲破阻力、克服困难，最终实现目标。

最后，提高人生的精神境界。理想通过净化和升华作用来提高人生境界。有理想的人，心中有个大目标，站得高、看得远，视野开阔、胸怀广阔，这就容易摆脱眼前蝇头小利的诱惑，摆脱斤斤计较、患得患失的狭隘心理，从而使心灵得到净化。理想信念是人类精神生活的一种内在需求，是一个人的奋斗方向。有什么样的理想信念，就有什么样的行为表现。也许完美的表现并不存在，但只要自己心中有理想有信念，人生就一定会更精彩。

大学生肩负着祖国的希望和民族的未来，不仅要提高文化知识水平，增强实践能力，更要树立科学、崇高的理想信念。充分认识理想信念的作用，对大学生的成长成才有着极为重要的意义。

第一，引导学生做什么样的人。人的理想信念，反映的是对社会和人自身发展的期望。在争做“四有”新人中，“有理想”占首要地位。这表明理想信念与做什么样的人关系重大。做一个什么样的人是大学生最重要的人生课题和发展方向。

第二，引导大学生走什么样的路。大学时期面临着许多人生的重大课题，大到人生目标的确立、发展方向的设定、未来道路的选择，小到如何面对挫折、困难等，都需要有一个总的目标和原则，这就要确立科学、崇高的理想信念。大学时期确立的理想信念，对今后的人生将产生重大的影响。

第三，激励大学生为什么学。对当代大学生而言，为什么学的问题，是与走什么路、做什么样的人的问题紧密联系在一起的。大学生只有树立崇高的理想信念，才能明确学习的目的和意义，激发起为国家富强、民族复兴和自身成才而发奋学习的强烈责任感与使命感，努力掌握建设祖国、服务人民的本领。总之，理想信念是激励人们迎接挑战、克服困难的精神支柱和强大力量，理想信念越坚定，克服困难的勇气和意志就越坚定。当代大学生所处的时代和所承担的任务与以往不同了，但同样会遇到各种各样的困难和挫折，同样需要坚定的理想信念，培养克服困难和应对挑战的坚强意志。同学们要把个人的奋斗志向同祖国和民族的命运相联系，使理想信念之花结出丰硕之果。

## 第二节　树立科学的理想信念

青年时期是理想和信念形成的重要时期，理想信念是人生的精神支柱和成就事业的动力。在建设中国特色社会主义的伟大实践中，大学生应正确认识自身所肩负的历史使命，确立马克思主义的科学信仰，树立中国特色社会主义道路共同理想。

### 一、确立马克思主义科学信仰

每个人生活在社会中，不仅是个体的生命存在，更是社会的产物，而且唯有承担一定的社会角色和社会责任，成为一个社会的人，才能实现“人的本质”。正如马克思所言：“人的本质不是单个人所固有的抽象物，在其现实性上，它是一切社会关系的总和。”[①] 而人们在社会中担负的重大的历史任务和重大的历史责任就是人的历史使命。

人的历史使命不能超越具体的社会历史条件，而是在一定社会历史条件下产生，并随着社会历史条件的变化而变化。不同时代的人面对不同的历史任务，承担着不同的历史使命，而最具朝气、活力和拼搏精神的青年是历史使命的主要承担者。时代呼唤英才，希望在于青年。当代青年大学生承担的是建设中国特色社会主义、实现中华民族伟大复兴的历史使命。使命意味着责任，责任指引着追求。当代大学生应当在德智体美劳全面发展的基础上，学习和践行社会主义核心价值观，提升人生追求。

理想信念是指路明灯，是精神支柱，是力量源泉。共产主义理想是建立在对社会发展规律正确认识基础上的科学理想，指引着中国发展的方向。马克思主义是我们立党立国的根本指导思想，为我们提供了科学的世界观和方法论，提供了正确认识世界和改造世界的强大思想武器。只有坚持马克思主义的立场、观点和方法，才能正确认识经济社会发展的规律，正确认识社会思想意识中的主流与支流，才能在错综复杂的社会现象中看清本质、明确方向。坚持马克思主义，更要坚持发展着的马克思主义。只有坚持用马克思主义中国化的最新成果武装头脑，才能充分发挥马克思主义认识世界和改造世界的思想武器的作用，才能使马克思主义真正成为我们的行动指南。

马克思主义是科学的，又是崇高的。马克思主义信仰是建立在科学基础上的信仰，它的产生有自然科学的基础，而且它本身就是关于人类社会发展规律的科学。马克思和恩格斯根据资本主义发展和工人运动的现实，以历史唯物主义的科学武器分析当代资本主义的基本矛盾，得出了资本主义必然灭亡，共产主义必然胜利的结论。

西方社会家对马克思的评价是四海为家、才华横溢的天才，是思想最深刻、最有创见的社会思想家。马克思主义信仰的精神境界和救世胸怀崇高而博大，包含着人类的终极关怀。它追求的不只是单个人的解放，

①《马克思恩格斯选集》第1卷，人民出版社1995年版，60页。

也不只是无产阶级的解放，而是全人类的解放；它追求的是个人自由的全面发展和社会的全面发展，为全人类进步和解放指明了方向。这些体现了马克思主义的崇高性。

马克思主义具有持久的生命力。马克思主义作为一个开放式理论体系，具有与时俱进的理论品格和持久的生命力。它是在吸收和改造几千年来人类思想和文化发展中一切有价值的成果的基础上形成的。同时，随着人类对自然、社会历史和人的思维本身认识的不断深化，随着新的观念、思想、学说、理论的形成，马克思主义为保持其先进性，也必然要借鉴和吸收这些新的文明成果，在继承中发展，在创新中前进。从马克思主义到列宁主义，再到马克思主义的中国化，即中国共产党人将马克思主义与中国国情相结合而创立的毛泽东思想、邓小平理论、“三个代表”重要思想、科学发展观，以及习近平新时代中国特色社会主义思想，这一发展演变的过程充分显示出了马克思主义的持久生命力。历史证明，马克思主义在帮助无产阶级夺取革命胜利和保障社会主义建设事业健康有序顺利进行的过程中，具有其他任何思想、任何主义都无可替代的作用。即使在今天的一些具体问题上，马克思指出的关于资本主义许多不可避免的弊端与问题、全球化经济和国际市场、经济周期等论述仍然具有权威性。

马克思主义以改造世界为己任。马克思主义是认识世界、改造世界的科学理论，它重视实践，以改造世界为己任。在伦敦海格特公墓的马克思墓碑上，镌刻着马克思的一句名言：“哲学家只是用不同的方式解释世界，而问题在于改变世界。”这表明了马克思主义重视实践、以改造世界为己任的基本特征。一种理论如果不以改造世界（客观世界和主观世界）为己任，不关心现实，不用于指导实践，不造福人类，那它绝不会长久。一个半世纪以来，正是在马克思主义的指导下，社会主义由空想变成现实，由科学理论转变为社会实践，社会主义国家的出现和社会主义制度的建立，深刻改变着人类历史的走向。

马克思主义作为我们国家的根本指导思想，是由马克思主义严密的科学体系、鲜明的阶级立场和巨大的实践指导作用决定的，是近代以来中国历史发展的必然结果，是中国人民长期探索的历史选择。马克思所描绘的共产主义社会，是中国共产党人的远大理想。大多数的当代大学生也许更关心自己的个人理想，这没有错，因为社会理想依赖于千千万万个个人理想的实现。但是当代大学生，特别是先进分子，也应该认识到，只有确立马克思主义的坚定信念，才能深刻认识人类社会的发展规律，深刻认识中国走社会主义道路的历史必然性，才能更好地把个人理想与社会理想统一起来，为国家和社会发展作出更大贡献。

## 二、树立中国特色社会主义共同理想

中国特色社会主义理想是一种社会理想，是一种关于中国社会发展状态的理想。它对于个人理想具有整合作用，是若干个人理想的寄托和发育之所。当代中国人对自身生活和发展的期望和设想，事实上是以中国经济社会的持续发展为背景的，所以个人理想的正确定位、实现，离不开对中国特色社会主义这一社会理想的把握。

中国特色社会主义共同理想是社会主义核心价值体系的主题。随着我国市场经济的深入发展，我国经济成分、组织形式、就业方式、利益关系和分配方式呈现出多样化，不可避免会出现价值观的多元化，这就必须要有一个能够代表广大人民根本利益，为社会各阶层广泛认可和接受，能凝聚各方面智慧和力量的共同理想。有了这个理想，才能有共同步调。这个共同理想就是在中国共产党的领导下，坚持和发展中国特色社会主义，实现中华民族的伟大复兴。

中国特色社会主义共同理想是一个具体的阶段性理想。对共产主义远大理想的追求是一个漫长的历史过程，在这个过程中，有若干个阶段性理想。与共产主义远大理想相比，阶段性的理想更为具体。中国处于并将长期处于社会主义初级阶段这一基本国情，决定了中国特色社会主义共同理想具有鲜明的时代性。

中国特色社会主义共同理想凝聚着党、国家、民族、个人的利益和愿望，是全体中国人民都认同和追求的共同理想。在社会生活中往往会出现不同的理想，但并不是所有的理想都能成为共同的理想。有的理想只代表了少数人或个别人的利益和愿望，它只能成为个别或少数人的追求目标。在发展中国特色社会主义伟大实践中，国家要基本实现现代化，民族要实现伟大复兴，个人要过上富裕的小康生活，这些不同层面和不同角度的愿望和要求，在中国特色社会主义共同理想上得到汇聚，体现了党、国家和人民利益的高度一致性，同时也使得中国特色社会主义共同理想成为全社会的共识，成为号召全国各族人民团结奋斗的精神旗帜。中国特色社会主义理想之所以能成为共同理想，就是因为它代表和反映了中国社会最广大人民群众的根本利益，为广大人民群众所认同和接受。

虽然每位同学的个人理想不同，但是我们必须清醒地认识到，社会理想决定并制约个人理想，个人理想与社会理想目标一致，实现的可能性就大；如果方向相反，就不易实现，实现了也会造成损害。个人理想体现社会理想，社会理想依赖于个体理想的实现。现阶段建设中国特色社会主义，实现中华民族的伟大复兴，就是所有中华儿女的共同理想。当代大学生要成才，就应该认识到这一大“势”，树立走中国特色社会主义道路的共同理想，树立为实现中华民族伟大复兴而奋斗的坚定信念，把个人理想与社会理想结合起来。只有这样，大学生的个人理想才能拥有正确方向的保证。

首先，坚定对中国共产党的信任。中国共产党的宗旨是全心全意为人民服务，中国共产党成为革命和建设的领导核心是历史的选择。历史已经证明，中国共产党可以带领中国人民推翻三座大山，取得中国革命的胜利，建立新中国。历史也在证明，中国共产党具有敢于坚持真理、勇于修正错误的坚毅品格和博大胸怀，具有反腐倡廉的坚定决心和能力，能够始终保持自己的先进性，能够率领全国人民建设中国特色社会主义，能够实现中华民族的伟大复兴。

其次，坚定走中国特色社会主义道路的信念。社会主义至今只有不到200年时间，其间虽然取得的成就让世人瞩目，但社会主义还处在初级阶段，还有许多的不完善，还有许多的问题需要解决。要在这么短的时间内取代资本主义是不可能的，但这并不意味着社会主义就没有生命力，就没有发展的前途，不能由此而否定社会主义。因为选择社会主义道路是中国历史发展的必然。近代中国人不是没有尝试过走资本主义道路，但事实表明走不通，最后中国人民选择了新民主主义革命和社会主义前途。

再次，胸怀共产主义的远大理想。共产主义社会是物质财富极大丰富，实现按需分配，人的精神境界极大提高，每个人自由而全面发展的社会。共产主义只有在社会主义社会充分发展和高度发达的基础上才能实现。我们承认共产主义的实现是一个“非常漫长的历史过程”，并不等于我们放弃共产主义的理想追求，更不意味着我们不再对人类发展的未来作科学的预见。如果只纠缠于共产主义理想“何时才能实现”的具体问题，不但会忽视今天的社会主义实践探索，而且也会导致对共产主义理想的否定。所以要正确认识共产主义远大理想和中国特色社会主义共同理想之间的关系，不断增强中国特色社会主义道路自信、理论自信、制度自信、文化自信，自觉做共产主义远大理想和中国特色社会主义共同理想的坚定信仰者、忠实实践者，为崇高理想信念而矢志奋斗。

最后，坚定实现中华民族伟大复兴的信心。中华民族是一个历史悠久的伟大民族，在数千年的历史长河中，创造了辉煌的文明，为人类发展和进步作出了举世公认的重大贡献。但是近代以来，中国沦为半殖民地半封建的国家，国家积贫积弱，人民饱受磨难。为拯救民族危亡，中国人民进行了长期探索和斗争，许多仁人志士为之流血牺牲，但都没能改变中国人民的悲惨命运。中国共产党勇敢地担负起实现中华民族伟大复兴的庄严使命，百年屈辱的历史使中国人民认识到，只有实现中华民族的富强才是屹立于世界民族之林的前提和基础，落后就要挨打，因此民族的振兴是每一个青年学生的历史责任。

## 第三节　在实践中把理想化为现实

理想信念是一个思想认识问题，更是一个实践问题。如果说，现实是此岸，理想是彼岸，那么，唯有实践才是联系二者的桥梁。理想不等于现实，理想的实现往往要通过一条充满艰难险阻的曲折之路，依赖于脚踏实地、持之以恒的奋斗。实践，只有实践，才是通往理想彼岸的桥梁。

## 一、树立远大志向

马克思曾这样指出：“作为确定的人，现实的人，你就有规定，就有使命，就有任务，至于你是否意识到这一点，那都是无所谓的。这个任务是由于你的需要及其与现存世界的联系而产生的。”[①]也就是说，人的使命是由一定社会历史条件所决定的，是历史发展对人的行为提出的客观要求。任何人的使命都不可能超越特定的社会历史条件，它必然由人们所处的社会现实决定，并随社会发展的客观要求而变化，而且人们完成其使命的过程与结果就是创造历史。在这个意义上，我们将人的使命称为历史使命。

在不同的历史时期，不同的社会成员所应担负的历史使命在内容要求上有所不同。大学生在认识自己所担负的历史使命时，既要立足于我国的基本国情，又要具备全球性的宏观视野；既要从当前出发，也应看到社会发展的未来趋势；既要认识到自己是一名普通公民，又要想到自己接受过较高层次的教育，具备较高的素质，应当承担起重要的社会责任。

远大志向既应包括社会理想方面的内容，也包括主体对未来前景的设计。远大志向应达到个人理想与社会理想的协调和统一。一方面，个人理想必须顺应历史发展趋势，以正确的社会理想为依据，与社会理想相一致。只有这样，才可能正确处理社会和个人的矛盾，为个人理想的实现提供更优越的条件，使人生的道路越走越宽广。与社会理想相悖的个人理想往往无法得到社会和他人的支持，无力面对挫折和失败，因而是缺乏持久的生命力的。另一方面，个人的未来前景对人的行为具有直接的、巨大的推动力，只要其方向与社会理想保持一致，个人理想的实现便会推动社会理想一步步地变为现实。

①《马克思恩格斯全集》第3卷，人民出版社1960年版，第329页。

当代大学生不仅应志存高远，还应当将远大志向与我们所处的时代紧密结合起来，使远大志向转化为崇高的时代追求。在一定意义上，能否成功地担负起历史赋予自己的神圣使命，关键在于能否认清时代潮流，把握时代精神，确立崇高的时代追求。在新世纪新阶段，全面建成小康社会，到21世纪中叶基本实现现代化，把我国建成富强民主文明和谐美丽的社会主义现代化国家，实现中华民族的伟大复兴，这是一项空前伟大、艰巨的事业。它是大学生的历史使命之所系、大学生的社会理想之所求，也正是当代大学生应当确立的时代追求。当代大学生不应以“时代精英”“天之骄子”自诩，而应当以报效祖国、振兴中华为己任，在实现远大志向和崇高理想的奋斗中，不畏艰险，锐意进取，为祖国和人民建功立业，这样才能既不辜负“大学生”这一称号，不辜负大好的青春年华，也不辜负这个伟大的时代。

## 二、理想实现过程的艰巨性和曲折性

在人生旅程中，理想和现实是一对重要的矛盾。作为一种对现实的超越，一种对美好未来的符合客观规律的想象，理想必须有着深厚的现实基础。人们对理想的追求就是努力使之转化为现实的过程，理想的实现并不是一件轻而易举的事，其过程往往是漫长而又艰难曲折的。

理想实现过程的艰巨性和曲折性首先源自理想是对现实的超越。理想是高于现实的，是主体根据现实条件和主观需要，通过大脑对现实加以扬弃，将现实中有价值、有前途的东西加以集中和概括，同时寻求消除现实中各种障碍的具体方案。在这个意义上，理想实际上是与现实相对立的。现实环境中某些条件会对理想的实现构成制约和阻碍。

理想实现的条件制约性也是理想实现过程的艰巨性和曲折性的重要原因。科学理想的确立，既反映了主体的主观需要，也是主体正确预测客观现实中所蕴含的理想实现条件的结果。所以，理想虽然反映的是一种客观必然性，但是只有达到一定的条件，它才会转化为现实。从社会方面看，这些条件包括社会生产力发展水平、社会制度、人际关系状况、社会文化基础、历史机遇等；从个人方面看，这些条件主要包括扎实的科学文化知识基础和较高的专业水平（专业知识与技能）、良好的政治和思想道德素质、坚定的信念、顽强的意志以及其他身心素质。只有具备这些条件，理想才可能实现而不至于成为空想。

但是，人们确立理想时对客观规律和主客观条件的认识毕竟是主观的，这种认识过程本身是曲折复杂的，并不能做到准确无误；客观现实也是不断变化的，理想赖以实现的条件也会发生变化，这些都会阻碍理想的实现。所以，当人们通过努力实现理想时，常常会导致实际的结果与人们的最初愿望不相吻合甚至截然相反。

理想能否变成现实，取决于人们的实践。只有通过积极的人生实践，才能达到理想的彼岸。如果人们不把理想的实现与具体的现实行动结合起来，理想永远只会是一种空想。人们对客观规律的准确把握、主观能动性的积极发挥，是理想实现的必然要求。没有主体对客观世界的正确认识和把握，没有主体坚持不懈的努力，理想是不可能化为现实的。

理想实现过程的艰巨性和曲折性，反映了理想实现过程中充满矛盾。为了解决这些矛盾，促使理想转化为现实，人们必须既立足于现实，确立人生的理想目标，又正确认识理想与现实的差距，坚定实现理想的信心。这要求我们必须充分地认识到理想与现实之间的复杂关系。

理想虽高于现实，是现实的升华，但它并未脱离现实，是与现实紧密联系、相互统一的。这种联系与统一主要体现在：一方面，现实是理想的立足点和出发点，理想源于现实。理想不是凭空产生的，不是毫无根据的胡思乱想，理想的内容来自对现实的接受、批判、改造和发展。理想之树必须深深扎根于现实的沃土，脱离了现实的理想就是无源之水、无本之木，不仅没有立足的根基，也会缺乏实现的可能性，沦为空想。另一方面，理想是对未来的构想，理想的意义就在于它能转化为现实。理想实现后，现实又产生新的理想。人在具体的理想目标实现的过程中成长，整个人类社会则在这种循环往复、逐渐上升的过程中实现了发展和进步。将现实与理想绝对地割裂开来、对立起来的观点是没有根据的。

有些人认为，我们正在大力推进改革开放和发展社会主义市场经济，讲的是经济效益，再要求每个人都树立科学、远大的理想是不切实际的。

现实生活中，有些人淡化理想，不仅不关心祖国的前途、人类的命运，甚至将个人理想仅仅局限于经济利益的狭小范围之内，说什么“理想理想，有利就想”，“前途前途，有钱就图”，从根本上否定理想的意义，说“理想是空的，实惠才是真的”。这种论调的实质在于片面地将现实的某一方面看成了理想的全部内容。实际上，在社会主义市场经济条件下，人们的理想虽然有不同的层次，是一个不断提高的过程，但绝不是不需要远大的理想，更不是不需要理想。

理想与现实的冲突是客观存在的，这种冲突是应有与实有、主体与客体、思维与存在的矛盾的反映。因此，应当正视现实，充分估计理想实现过程的曲折性，但也不应过分强调现实中的不合理因素，否则美好的理想就永远无法实现。我国的生产力水平还不高，人民的生活还不富裕，还存在着某些以权谋私、损公肥私、官僚主义等丑恶现象，但这些毕竟不是主流，是前进过程中的暂时现象。改变这些不合理的现实因素，正是理想对我们提出的要求。因此，不加分析地将现实说成是“灰暗”“丑恶”的，从而对美好前途丧失信心，这是错误的。理想与现实之间的区别、冲突是客观存在的，正是它们推动着人们去改造现实，实现美好的理想。

### 三、在实践中把理想化为现实

理想要想成功地转化为现实，不仅需要在确立理想时充分地认识社会现实，正确地把握理想与现实之间的关系，还需要坚定实现理想的信心，更需要投入火热的现实生活中，努力进行创造性实践。人们担负历史神圣使命的过程，正是把理想化为现实的过程，而人们承担历史使命的根本途径则在于社会实践。大学生应当站在时代的前列，勇于承担光荣而神圣的历史使命，应以胸怀祖国、服务人民为座右铭，积极投身于社会主义建设事业，在实践中把理想转化为现实。

认真学习是大学生担负历史使命的逻辑起点和首要前提，是参加社会实践的必要准备。在现代化生产条件下，大学生只有努力学习，掌握先进的科技和专业技能，才能在物质文明建设中发挥积极作用。大学生只有通过努力学习，坚持全面发展，才能保证自己真正具备承担历史使命所需的素质，具备完成历史使命的基本条件。

为了实现理想，完成历史使命，大学生要使自己具有献身精神和顽强意志。在艰苦卓绝的革命年代里，无数先烈为了中华民族的解放，把自己的一切献给了壮丽的人民事业，为革命流血牺牲，这是献身精神；为祖国建设贡献自己的全部聪明才智，牺牲个人利益，服从国家需要，忘我地学习和工作，这也是献身精神；对科学和事业执着地追求、顽强地拼搏，献出自己的全部精力乃至生命，这同样是献身精神。历史和现实告诉我们，凡取得较大成就者，无不具有献身精神。同时，通向理想的道路从来就不是笔直平坦、一帆风顺的，必然会遇到各种意想不到的困难，经历各种曲折复杂的斗争，也不可避免地会遭受挫折和失败。如果不能摆脱挫折、失败所带来的人生困扰，就无法实现心中的理想。为此，大学生在校读书期间，要培养艰苦奋斗的精神，做到不为现实功利所诱惑，不被挫折、失败所困扰，执着地向着既定的理想目标前进。

有些大学生认为，艰苦奋斗是老一代的事，如今生活水平提高了，需要的是享受生活，而不是艰苦奋斗，更何况消费还可以刺激经济的发展。这种观点在理论上是错误的，在实践中也十分有害。实际上，我们所说的艰苦奋斗，并不是要求人们刻意地降低生活水平，回到以前的“吃糠咽菜”“破衣烂衫”的生活中去。在今天，艰苦奋斗可以有各种不同的表现形式，比如：在日常生活中，提倡艰苦朴素、勤俭节约，抵制和反对剥削阶级的腐朽思想和生活作风的侵蚀；在学习上，提倡刻苦钻研，不畏艰难，孜孜不倦地学习专业理论和知识，不断提高政治素质和科学文化水平；在工作上，提倡自力更生，奋发图强，努力克服艰难险阻，去完成各种任务。也就是说，时代发展了，但不畏艰难、勤于耕耘的奋斗精神不能丢。大学生要想使自己成为社会主义现代化建设事业需要的合格人才，成功地承担历史使命，就必须在学习和工作中做到艰苦奋斗。

为了实现理想，完成历史使命，每个大学生还必须从我做起，从现在做起，从每一件小事做起。从我做起，是主人翁责任感的具体体现。

它要求每个人都必须正确地认识自我，弥补自己的缺陷，发挥自己的长处，将责任感、使命感付诸行动，有一分热，发一分光，在社会实践中充分发挥主体的重要作用，深入地认识社会，能动地改造社会。从现在做起，是讲求效率的行为作风。人世间最宝贵的莫过于时间。把握时间，最重要的是抓住“今天”，把握“现在”，将远大理想与近期目标、目前的各项工作紧密地联系起来，落实到当前工作之中。古诗有云：“明日复明日，明日何其多？我生待明日，万事成蹉跎。”如果无视“今天”，放弃“现在”，理想变成现实就会成为空谈。从每一件小事做起，则是脚踏实地的务实态度。正如古人所说：合抱之木，生于毫末；九层之台，起于累土；千里之行，始于足下。没有一个人是生来只为做大事业的，伟大无不寓于平凡之中，时代所赋予的历史使命要求我们每个人都应当做一个实干家。每个人都要把所肩负的历史使命与平凡的具体业务工作联系起来，既有意识地以理想、使命指导和规划个人的职业和事业，又不将历史使命流于空谈，而是落实到踏踏实实的工作中，立足于小事，最终作出大的贡献。伟大的共产主义战士雷锋曾自喻为一颗永不生锈的螺丝钉，他一生都兢兢业业地工作在平凡的岗位上，牺牲时也只是一名普通战士，他的伟大之处正在于从一点一滴的小事做起，在平凡的岗位上作出了不平凡的业绩。那种不愿意干平凡工作，幻想着有朝一日一鸣惊人的人，是不会成就伟大事业的。

为了实现理想，完成历史使命，大学生还应当做到勇于探索、敢于创新。探索、创新对于大学生承担起历史使命有着极其特殊的重要意义。勇于探索和创新是一个民族进步的灵魂，是国家兴旺发达的不竭动力。对大学生来说，勇于探索和创新是搞好学习、实现全面发展的必备素质。勇于探索和创新，意味着勇于超越前人，青出于蓝而胜于蓝，求得新知，获得新的能力，实现最佳学习效果和发展前景。有了探索和创新精神，人们必能更好地担负起自己的历史使命，朝着理想目标更快地迈进。

为了实现理想，完成历史使命，大学生要将个人理想与国家、民族命运与前途相结合。“每个人都有理想和追求，都有自己的梦想。现在，大家都在讨论中国梦，我以为，实现中华民族伟大复兴，就是中华民族近代以来最伟大的梦想。”[1]当代青年大学生肩负实现中华民族伟大复兴中国梦的历史重任，要把实现个人理想与实现国家的理想与梦想紧密结合起来，青年的发展离不开国家，国家的发展需要青年为之奋斗。

国家富强、民族振兴、人民的幸福的中国梦是中华民族振兴的梦，也是每一个大学生的成才梦。青春只有在为祖国和人民的真诚奉献中才能更加绚丽多彩，人生只有融入国家和民族的伟大事业才能闪闪发光。

## ■ 实例研讨

英国物理学家、化学家法拉第曾先后得到欧美各学会赠与的荣衔九十四个，各国帝王对他也是优礼厚待，他却坦然地说：“我从来没有为追求这些荣衔而工作。”

卢瑟福在约克郡联合钢铁公司研究实验室致辞时说：“再也没有比那些只顾个人鼻尖底下的一点事情的人更可悲了。”

诗人歌德说：“才能较低的人对艺术本身并不感兴趣，他们在工作中除掉完工后能赚多少报酬外，什么也不想。有了这种世俗的目标和倾向，就绝不能产生什么伟大的作品。”沉溺于名利，就很难有伟大的发明创造，即使成功也是偶然的、暂时的。

培根说：“有人好像在知识中求得一个躺椅，以便休息自己那种向外追求忐忑不安的神情……或是求得一个商店，好来奇货可居，市利百倍……这种心理很能妨碍知识的发展。”

请问：就理想而言，你从这四位名人的论述中得到了什么样的启示？

①《习近平：承前启后继往开来 朝着中华民族伟大复兴目标奋勇前进》，人民网2012年11月30日。

思考题

1.结合自身实际,谈谈理想信念对大学生成长成才的重要意义。

2.如何认识个人理想与中国特色社会主义共同理想的关系?

3.实现理想的过程为什么会是艰难曲折的?为了避免较多的挫折,大学生应当怎样树立个人理想?

# 第四章　弘扬社会主义道德

良心是由人的知识和全部生活方式来决定的。

——[德]马克思

有两样东西，我愈经常愈持久地加以沉思，就愈使这内心充满时时更新、有加无已的景仰和敬畏：我头顶上的星空和我心中的道德法则。

——[德]康德

在一个人民的国家中还要有一种推动的枢纽，这就是美德。

——[法]孟德斯鸠

道德是人类社会中最为古老的社会现象，早在原始社会，伴随着人类的诞生和繁衍，伴随着人与人、人与社会之间相互关系的产生，道德就以图腾、禁忌、风俗、礼仪、准则等形式相伴而来，并逐渐演变为处理个人与他人、个人与社会之间关系的行为规范及实现自我完善的一种重要精神力量，在人类社会中发挥着调节社会关系、反映社会现实、评价社会行为、塑造健康人格等基本功能。也正因如此，道德的力量成为国家发展、社会和谐、人民幸福的一个重要因素，古今中外概莫能外。

当代中国社会的发展，一方面存在极好的历史机遇，另一方面也面临着严峻的挑战，客观形势要求每个中国人要了解和掌握社会主义道德的相关知识，培养与社会发展相适应的良好道德品质，大力弘扬为人民服务和集体主义精神，以推动改革开放和社会主义市场经济的健康发展，推动社会的全面进步和人的全面发展。这是每一位大学生所面临的历史责任。

## 第一节 社会主义道德的基本内容

社会主义道德是马克思主义伦理思想同中国特色社会主义伟大实践相结合的产物，是对中国古代优良道德传统的继承和发展，是对中国革命道德传统的直接继承和发展。中国革命道德传统，是指中国共产党在领导中国的先进分子和广大人民群众为了推翻帝国主义、封建主义和官僚资本主义，建设社会主义新中国的革命和战争过程中创建和发展起来的优良传统道德。历史地看，它既是中华民族传统美德的重要组成部分，也是中华民族传统美德在新的历史条件下合乎逻辑的发展和升华。大学生学习社会主义道德的基本内容对于培育和践行社会主义核心价值观具有重要的现实意义。

### 一、道德的本质与社会作用

所谓道德，是指由一定社会的经济关系决定的，依靠社会舆论、传统习惯和人们的内心信念进行评价和维系的，用以调整人们相互之间以及个人与社会集体之间的利益关系的行为规范和个人品质的总和。

马克思主义认为，道德作为一种特殊的上层建筑和意识形态，根源于一定社会的经济关系，又对经济关系及“竖立其上”的其他上层建筑与意识形态具有反作用，这是道德的本质特性之所在。恩格斯说：“人们自觉地或不自觉地，归根到底总是从他们阶级地位所依据的实际关系中——从他们进行生产和交换的经济关系中，获得自己的伦理观念。”[①]特定时代的统治者，根据自己和当时社会发展的需要以及道德的历史传统，对“伦理观念”进行概括和总结，并以此影响人们的道德品质结构，这便形成了一定的道德。由于经济关系是一个历史范畴，所以在人类历史上，道德总是具有阶级和时代的特征，不同阶级和不同时代有不同的道德。

①《马克思恩格斯选集》第3卷，人民出版社1995年版，第434页。

道德作为一类特殊的社会意识形态，与政治、法律、文艺和宗教相比，具有一些明显的特点。它以广泛渗透的方式存在于社会生活的每个领域，因此其形式是相对独立的。道德是依靠社会舆论、传统习惯和人们的内心信念发挥其社会作用的，它强调主体的自觉和自律，调节方式是规诫和劝导。但我们不能因此而认为道德调节方式是软弱无力的，它也具有强制性，只不过不同于法律的行为性强制，而主要表现为“精神强制”罢了。在日常生活中，我们都会有这样的心理体验：当我们因为做了一件有益于社会、集体或他人的事情而受到表扬或表彰的时候，一般会感到心情舒畅，“脸上有光”，以至于因此而产生荣誉感和幸福感，觉得自己活得有意义、有价值；而当我们因为做了有损于社会、集体或他人的错事、坏事而受到舆论指责的时候，一般会感到“不好意思”“脸上无光”，甚至会感到“无地自容”“羞愧难当”。这后一种情况就是道德的“精神强制”作用使然。做了错事、坏事，可以通过提高认识和实际改错来加以纠正，这正说明我们不能低估道德的“精神强制”作用。因此，既要看到道德调节方式的特殊性，又不能因此而忽视道德的社会价值。

在实践的意义上，道德对经济关系及“竖立其上”的上层建筑的其他方面具有巨大的反作用，就是人们通常所说的道德的社会作用。其一，道德具有认识与鉴别的作用。道德是知识，是人类社会知识宝库的重要组成部分，可以被人们用来认识和鉴别社会生产和生活中的是非善恶，评价社会风尚和他人行为。在认识、鉴别和评价的过程中，道德同时也是一种智慧，它不仅可以促使人走向高尚，做有道德的人，也可以促使人聪明，做聪明的人。其二，道德具有调节与控制的作用。道德可以随时影响人们的价值观念和价值取向，规范人的行为，避免价值观念紊乱和行为失范现象的发生，使社会生产和生活有序有效地进行。在这一点上，道德是人们思想和行动的“指南针”。在实际的社会生产和生活中，由于受各种因素的制约和影响，人们相互之间及个人与社会集体之间有时会发生矛盾甚至对抗，这时道德可以充当“调节器”，化解矛盾，将人们的思想和行动引导到社会所提倡的道德价值标准上来。其三，道德具有教育和培养的作用。道德可以作为特定的知识、智慧，充当教育内容和培养目标，塑造健康的道德人格，改善人的“德性”和“德行”，促使人成为有道德的人。正因如此，人的发展总是包含道德人格的完善，道德教育历来是家庭、学校和社会教育的重要组成部分。党和国家的教育方针一贯要求受教育者在德智体美劳等方面得到全面发展，成为有理想、有道德、有文化、有纪律的社会主义事业的建设者和接班人。德育的内容和目标，正是对道德的这种社会作用的把握和运用。

关于道德的社会作用，中国历史上长期存在两种对立的观点。一种是主张“道德万能论”，认为一个社会只要抓道德建设就能治理好国家，赢得社会的发展和繁荣。另一种是主张“道德无用论”，认为道德是软弱无力的，在治理国家、推动社会发展和进步的过程中不能发挥什么作用。这两种观点显然都是错误的，前者片面夸大了道德的社会作用，后者从根本上否定了道德的社会作用。实际情况是，道德的社会作用既不可夸大，也不能否定和低估。

道德的社会作用，表现在国家治理问题上就是“德治”。我们在建设中国特色社会主义、发展社会主义市场经济的过程中，要坚持不懈地加强社会主义法制建设，依法治国，同时也要坚持不懈地加强社会主义道德建设，以德治国。对一个国家的治理来说，法治与德治，从来都是相辅相成、相互促进的。二者缺一不可，也不可偏废。法治属于政治建设、政治文明，德治属于思想建设、精神文明。二者范畴不同，但其地位和功能都是非常重要的。我们应始终注意把法治建设与道德建设紧密结合起来，把依法治国与以德治国紧密结合起来。这一方面充分肯定了道德具有极其重要的社会作用，另一方面也强调了发挥道德的社会作用需要将其与法治结合起来。

在任何社会，道德都是一个有着内在逻辑联系的完整体系。了解和把握道德体系，有四个问题需要注意：一是要能知道，人类社会自有史以来先后出现过原始社会、专制（奴隶制与封建制）社会、资本主义社会和社会主义社会四种基本形态的道德体系。二是要能明白，在每一种道德体系中都有一个居于核心地位并发挥主导作用的规范和价值标准，这就是道德原则或道德基本原则。四种形态的道德体系的基本原则依次是平均主义、整体主义、个人主义、集体主义。三是要能懂得，道德原则或道德基本原则反映一定社会制度的基本属性，所以充当着区分不同形态的道德体系的根本标志。四是要能理解，每一个社会都必然会自觉不自觉地立足于经济基础和上层建筑的辩证关系原理，要求道德体系与经济建设和整个社会的发展和进步相适应。社会主义社会的道德体系是人类社会发展至今最为先进、最具有发展和进步前景的道德体系。

## 二、继承和弘扬中华民族优良道德传统

中华民族在长达数千年的历史发展中，汇聚了极其丰富的道德文化遗产，它以儒家伦理道德为主要内容，并包含道家、墨家、法家等对中华民族道德实践经验的总结、概括和提炼，它是中国古代道德文明的精华，是中国各民族共存共荣的凝聚剂，是中华民族的“根”与“魂”。它源远流长，博大精深，内容丰富。具体来说主要包括：

第一，注重国家和民族的整体利益，强调对社会、民族、国家的责任意识和奉献精神。中国传统道德的核心及其一贯思想，就是强调为社会、民族、国家、人民的整体思想意识。早在《诗经》中就已经提出“夙夜在公”的道德要求，即从早到晚，勤于公务，为公务而操劳，视公共利益为最高价值。《尚书·周官》更是明确提出“以公灭私，民其允怀”的要求，即号召百官以公平之心除去私欲，这样就可以得到老百姓的信任而归附。我们今天依然能够耳熟能详的“国而忘家，公而忘私”“克己奉公”“先天下之忧而忧，后天下之乐而乐”“天下兴亡，匹夫有责”等经典名句，都是强调整体意识的，强调为国家、民族献身的精神。当个人利益与国家利益发生矛盾时，应当“以义为上”“先义后利”，反对“重利轻义”和“见利忘义”。

第二，推崇“仁爱”原则，追求人际和谐。中国传统道德强调以人为本，强调“爱人”的人本主义精神，尊重人的尊严和价值，注重人际和谐，主张“仁者爱人”“推己及人”。孔子在其以“仁”为核心的伦理体系中，把“仁”同“爱人”联系起来，即对人施爱心，尽可能地帮助

别人，使别人成长发展，得到好处，“己欲立而立人，己欲达而达人”（《论语·雍也》）就是集中体现。汉代以后的思想家们对“仁爱”思想都有所发挥，尽管对“如何爱人”的阐释不同，但在宽以待人、与人为善方面却是一致的，这就保证了不同阶级、利益的人们，能够按照一定的原则、规范和谐地相处，最大限度地实现了人际和谐。

第三，讲求谦敬礼让，强调克骄防矜。中国自古就有“礼仪之邦”的美誉，谦敬礼让是中华民族优良的道德传统。《礼记》就曾指出“凡人之所以为人者，礼义也”，认为礼是人之为人的标志，是人的立身之本和区分人格高低的标准。正基于此，孔子提出“不学礼，无以立也”（《论语·尧曰篇》）。这种“礼”表现在与人交往中即“谦敬”，谦即自谦，虚以处己；敬即敬人，以礼待人。在这种道德原则的指引下，中华民族形成了以谦卑为怀、虚怀若谷、严以律己、宽以待人的优良品德。在谦敬礼让的同时，中国传统道德还提醒人们“事思敬”，即处事要想到是否谨慎，不要居功自傲，要克骄防矜，防止自大。老子曾以江海处下而为百谷王的事实，告诫人们不要“自矜”“自伐”“自是”。

第四，倡导言行一致，强调恪守诚信。“诚信”即诚实守信，是中国古人极为重视的一种道德品质和道德规范。“诚”是一种真实无妄、表里如一的品格，也是道德的根本，故“君子养心莫善于诚”（《荀子·不苟》），“诚”是一切道德行为的基础，也是一个人修身、治学和立业的根本；“信”是“五常”之一，是不自欺、不欺人、遵诺守约的品格，它主张在人际交往中应讲究信用，遵守诺言，“与朋友交，言而有信”（《论语·学而》），“信”也是成事之本，即“人而无信，不知其可也”（《论语·为政》）。由上可见，“诚”与“信”的基本含义是相通的，在实际的道德生活中两者相互统一、不可分割。信以诚为基础，诚又以信为表现形式，以诚待人必能言信，离开诚则无信可言。后人将“诚”与“信”合并成一个词，诚信也就成了道德之本、做人之本，成为处理人际关系的基本准则，所以才有了“以诚为本、取信于人”这一说法。

第五，追求精神生活和道德理想，注重人生境界的升华。道德本身就是一种精神生活，讲道德的人必定重视精神生活，注重道德生活的炎黄子孙自古养成了追求高层次的精神生活的优良传统。具体到人生追求方面，表现为重义轻利、重内求而轻外逐、重心安而轻他论，在这里，精神和道德的需要是人的最高需要，道德的价值是人的最高价值，精神的幸福是人的最大幸福。《论语》中描述颜回“一箪食，一瓢饮，在陋巷，人不堪其忧，回也不改其乐”，正是对传统的自足自乐的生动刻画。同时，这种道德需要又表现为对自己所信仰的理想人格的追求。传统儒家思想认为“为学的目的”就是要达到“成贤”“成圣”的目的，追求的是为后人“立德”“立功”“立言”的“三不朽”和“为天地立心，为生民立命，为往圣继绝学，为万世开太平”（《张载集》）的人生志向。

第六，重视个人道德修养和道德实践，倡导道德主体要在完善自身中发挥能动作用。提高修养是人们把社会要求转化为个人品质的自我教育过程。我国古代的各家各派，都十分重视修养问题。其中儒、道两家关于修养的思想最为丰富，也最具有代表性。道家重养生，而儒家重修身。养生，是从人的自然属性上进行身体修养；修身，是从人的社会属性上进行道德情操修养。“人皆可以为尧舜”，“一切皆以修身为本”，即关键在于修身养性，注重道德践履。只有修身，才能实现“内圣”，使自己成为像尧舜那样的“圣人”；只有修身，才能实现“外王”，即“齐家、治国、平天下”；只有“正己”，而后才能“正人”。因此，儒家推崇“吾日三省吾身”“见贤思齐”，要“躬行”，即身体力行，“道虽迩，不行不至；事虽小，不为不成”（《荀子·修身》），关键就在于要主动地去进行道德修养、道德实践。在这个过程中，历代思想家们提出了一系列行之有效的道德修养方法，如慎独、以人为镜、三思而后行、学以致用等，意在通过自我道德修养不断提高人生境界。

此外，中华民族的传统美德还包括廉洁自律、宽以待人、艰苦朴素、勤劳节俭、孝敬父母、尊老爱幼、尊师敬业，以及自强不息、舍生取义、见义勇为、奋发图强等。代代相传的优良家风所体现的传统家庭美德，作为社会道德风尚的重要组成部分，也发挥着至关重要的作用。正所谓“积善之家，必有余庆；积不善之家，必有余殃”。在长期的历史发展中，这些优良道德传统已经深入全民族的思维方式、行为习惯、价值观念和文化心理之中，已经在每一个中国人身上烙下了深深的印记。中华民族虽历经磨难仍屹立于世界民族之林，应当说是同中华民族优秀传统文化，尤其是优良的道德传统密不可分的。

## 三、恪守公民基本道德规范

2001年9月，中共中央印发的《公民道德建设实施纲要》，第一次系统明确地提出“爱国守法、明礼诚信、团结友善、勤俭自强、敬业奉献”的公民基本道德规范。这二十个字，实为十种道德规范，每种规范都有自己的要求。

爱国就是作为一国公民，热爱和了解自己的国家并忠实地行使和履行公民的权利和义务，这是对公民的基本道德要求。就认知而言，大学生应该明确而坚定地将自己视为中华人民共和国的成员，认真学习和深入了解国家的基本知识，如制度、民族、语言、风俗、历史、传统等。就情感而言，大学生应该自觉培养对国家的依恋感、归属感和民族自豪感，增强民族自尊心和国家荣誉感。

守法就是遵守国家颁布的宪法、法律和其他法律规范。市场经济是法治经济，和谐社会是法治社会。依法治国，建设社会主义法治国家是我国的根本治国方略，也是当今世界绝大多数谋求现代化的国家的一种必然选择。

明礼指公民知悉和认同文明礼貌规范并以此约束自己的行为。“明礼”由培养人们文明礼貌的自觉意识，进而完善公民的道德人格。中华民族历来以“礼仪之邦”著称，几千年来，尽管社会形态更迭变换，但讲究文明礼貌的传统一直延续至今。在现代社会生活中，文明礼貌已经成为国家、集体形象的一个重要部分。

诚信指诚实无欺、信守诺言，这是做人最基本的素质，是公民道德的基本规定，它包含诚实和守信两个方面。诚实是守信的基础，守信是诚实的外在表现。我国作为文明古国和“礼仪之邦”，早就把守信视作基本的为人之道、做人的必备品质。“人无忠信，不可立于世。”诚信是做人立德的根基，是人格修炼的起点。

团结就是指团体中各成员之间在思想上的一致和行动上的一致，团结是共同利益得以实现的基础。团结不仅是做人处事的一种基本能力，是道德品质和修养的外在表现，而且作为群体道德要求，团结是集体主义道德原则的集中体现，是社会整体道德素质的显著标志。

友善就是指友好和善良，就是与人为善，对人态度和蔼，能够在生活中处处为他人、社会着想。友善是良好人际关系的纽带。人生在世，需要以良好的态度处理人际关系，以友善的态度对待别人，能够宽容、谅解、理解别人，以真诚的努力得到别人的信任和友谊，关怀和帮助遇到困难的人。

勤俭就是勤奋工作并珍惜劳动成果。所以，勤俭不仅意味着奋斗和创造，还意味着自律和克制无度的物欲，在勤俭中使人格日臻完美。当前，我们的国家并不富裕，同发达国家的差距还很大，有些地区还没有摆脱贫困，人民总体生活水平还不高，并且不可能在短时间内根本改变这种状态，我们现在比任何时候都更需要提倡艰苦奋斗、勤俭节约的精神。

自强就是努力向上、奋发进取，对奋斗目标进行不懈的追求。自强者的品质之所以可贵，就在于拼搏奋斗，在于坚定的意志和决心。“有志者，事竟成，破釜沉舟，百二秦关终属楚；苦心人，天不负，卧薪尝胆，三千越甲可吞吴。”遭遇冷落时能泰然处之，穷困潦倒时能雄心不泯。

敬业即用恭敬、严肃的态度对待自己的工作，认真负责，任劳任怨，精益求精。敬业是一个人事业成功的基点，也是人们职业生涯中必备的素质。社会的进步、科学技术的进步，都凝结着敬业者的光辉。敬业品质是现代社会竞争取胜的重要条件。随着现代化建设和市场经济的发展，高质量、高效率地完成自己的工作是现代社会爱岗敬业的突出表现。

奉献是不求回报地对他人和社会的付出，是崇高的道德境界。一个人对社会的付出超出他所得的部分，就是奉献。奉献是社会主义职业道德的最高境界，也是社会主义公民道德的最高境界。一个公民如果真正做到了奉献，也就无论在什么场合，都能做到爱岗敬业、诚实守信、奉献社会。一个公民如果能够为国家、社会和他人奉献自己的辛勤劳动、聪明才智，就必定是一个道德高尚的人，也就达到了社会主义公民道德的最高境界。

在这十个方面的道德规范中，“诚信”是公民道德建设的重点，它既是处理社会主义社会中个人与社会、个人与个人关系的基础性道德规范，也是社会公德和职业道德的一个基本准则，是社会主义市场经济条件下的基础性规范。将诚实守信作为重点，既是对中华民族优秀传统道德的继承和弘扬，又是对社会主义市场经济条件下道德关系亟待调整的积极回应。

## 第二节　为人民服务是社会主义道德建设的核心

社会主义道德建设要以为人民服务为核心，这既符合我国社会主义初级阶段道德建设的现实状况，也是社会主义精神文明建设的客观要求。

### 一、为人民服务的含义

何谓为人民服务？它是社会主义国家提倡的价值观念和道德行为，指的是人民之间的相互服务。换言之，也就是当家作主的人们之间的相互服务。为人民服务在内涵上有两个基本层次：一是一般要求，二是最高要求。一般要求，即我们平常所说的为人民服务，它是面向全体公民提出的道德要求，是社会主义制度下所有的人都应当遵循的价值标准和行为准则，人们一般也是能够做到的。最高要求，强调的是全心全意为人民服务，是对广大共产党员和国家公务员提出的道德要求。它充分体现了中国共产党的性质，集中体现了社会主义国家的优越性。

为人民服务，是一个含义完整、内在结构严密的道德范畴，它是“为人民”的思想动机和“服务”的实际行动的统一。“为人民”说的是思想动机即行动的出发点和目标。毛泽东在《论联合政府》中指出：“全心全意地为人民服务，一刻也不脱离群众；一切从人民的利益出发，而不是从个人或小集团的利益出发。”[①]他在这里说的就是“为人民”。“服务”说的是实际行动，它是为人民服务的核心和关键。在为人民服务的问题上，仅有“为人民”的良好愿望是不够的，还必须同时有实际的行动。一个人的“服务”，就是以实际行动履行对于他人的道德义务和责任。具体说来，担任国家和社会管理职责的公务人员要发扬民主、为政以德、廉洁奉公；各行各业的从业人员要立足于人民的需求，忠于职守，遵循职业道德；在校学生则要努力学习、立志成才；等等。总之，为人民服务，就是要从人民的利益出发，做好人民要求的事情。从这一点看，作为社会主义道德的集中表现和道德建设的核心要求，为人民服务思想也是无产阶级和广大劳动人民的人生观和价值观，与我们党一贯倡导的群众观点和群众路线是完全一致的。因此，为人民服务的思想道德观念与封建社会盛行的特权思想和等级观念，资本主义社会所推行的个人主义、拜金主义和享乐主义是根本对立的。要坚持倡导为人民服务，就要在思想和道德观念上与个人主义、拜金主义、享乐主义划清界限，自觉抵制个人主义、拜金主义、享乐主义的影响。

### 二、为人民服务思想的形成与发展

为人民服务，生动地体现了马克思主义唯物史观的基本观点。在马克思主义看来，人民群众是社会物质财富和精神财富的真正创造者，在社会发生变革时期又充当着变革社会的决定力量，因此人民群众是创造历史的主体和推动历史发展的真正动力。马克思主义并不否认杰出的个人在历史发展过程中的重要贡献，但更重视人民群众在历史发展中的决定作用。荀子说：“《传》曰：‘君者，舟也；庶人者，水也。水则载舟，水则覆舟。’此之谓也。故君人者欲安，则莫若平正爱民矣（《荀子·王制》）。”他视人民群众为“水”，统治者为“舟”，认为人心的向背与统治者的命运密切相关。在阶级社会里，统治者对这一关系民心向背的问题是十分重视的，他们总是要打着“为民”的旗号，并且在一定程度上能够作出一些“为民”的实事。但是，阶级本质决定了他们与广大人民

①《毛泽东选集》第3卷，人民出版社1991年版，第1094—1095页。

群众之间在利益关系上是对立的，他们不仅不可能真正地“为民”，而且为了维护本阶级的特殊利益，他们必然会剥夺人民群众的利益。因此，在伦理道德上，以往的统治者是不可能提出为人民服务的思想的。

从社会制度的属性看，为人民服务是由社会主义制度的性质决定的。人类自有历史以来，社会主义是最为先进的社会制度，一切为了人民的利益是社会主义制度的本质要求。在社会主义制度下，广大人民群众在政治上是国家的主人，在生产活动和社会生活的广阔领域内，每个人都是服务的对象，同时也都是服务的主体。因此，从本质上看，在社会主义制度下，为人民服务实际上是全体社会成员的自我服务、相互服务。这与阶级对立和阶级统治社会里的情况是根本不同的。我们主张把人民的利益放在第一位，忧人民之所忧，求人民之所求，乐人民之所乐，同人民群众同呼吸、共命运。我们要坚持走社会主义道路，就要坚持为人民服务。

中国共产党是无产阶级政党，唯有共产党能够最彻底地代表最广大人民群众的根本利益，真正做到全心全意为人民服务。在中国共产党领导广大人民群众求翻身解放的革命战争年代，无数共产党员和革命先驱，英勇奋战，前仆后继，不怕流血牺牲，不是为了别的，正是为了人民的利益。全心全意为人民服务，成为共产党员一切行动的出发点与奋斗目标。毛泽东在《为人民服务》专论中明确地指出：“我们的共产党和共产党所领导的八路军、新四军，是革命的队伍。我们这个队伍完全是为着解放人民的，是彻底地为人民的利益工作的。”[①]同样的思想，毛泽东在《中国革命战争的战略问题》《纪念白求恩》《论联合政府》等著名篇章中，也多次作了充分的阐释。

中华人民共和国成立后，在社会主义革命和社会主义建设事业中，中国共产党作为执政党坚持和发扬在战争年代形成的全心全意为人民服务的革命传统道德，始终把人民的利益放在第一位，以大公无私、公而忘私的精神投身到社会主义革命与建设的伟大事业中，自觉做到为了人民的利益坚持真理，为了人民的利益改正错误。在改革开放和发展社会

①《毛泽东选集》第3卷，人民出版社1991年版，第1004页。

主义市场经济的新的历史条件下，一些共产党员经不住物质利益的诱惑，放松了对自己的要求，不能正确地看待自己与人民群众之间的利益关系，丢掉了全心全意为人民服务的光荣传统，有的甚至沦为腐败分子，但从整体情况看，党的组织仍然是由为人民服务的无产阶级先进分子所组成。党对自己队伍中腐化堕落分子从不姑息，而是给予批评教育或坚决清除。这种革新精神，正表明党始终把人民的根本利益放在第一位。因此，改革开放以来，党依然得到全国人民的充分信任和衷心拥戴，在党的正确领导之下，我们已经取得了改革开放和社会主义现代化建设的辉煌成就。我们完全有理由相信，在党的领导下，坚持用为人民服务的思想武装全党和全国人民，就一定能够实现全面建成小康社会这一宏伟目标。

## 三、发展社会主义市场经济需要坚持为人民服务

现在，社会上有些人持有这样一种观点：我们正在大力推进市场经济，市场经济本质上是一种“利己”经济，在这样的历史条件下，提倡为人民服务是不合时宜的，提倡全心全意为人民服务更为“荒谬”。这种观点是极其错误的。

从“为谁”服务的层面上看，市场经济活动的主体究竟是“为自己”还是“为人民”，本来就不可以一概而论，有的是为自己，有的是为了人民的利益和社会的繁荣进步。而就市场经济活动的实际过程看，市场经济活动的主体则必须立足于服务，充分发挥市场经济的服务功能。表面上看，市场经济是为市场需要而生产和经营的经济，是“赚钱”的经济，只听命于价值规律那只“看不见的手”的指挥。但是，从实质上看，在根本上影响和制约市场需要的是消费者，而消费者对市场经济的影响、制约，是通过商品的量与质展示出来的，它决定着企业生产和经营的状况。就是说，从实质上看，市场经济的整个运作过程都要围绕消费者“转”，而不能围绕生产经营者自己“转”，所谓立足于市场就是立足于服务，所谓竞争就是服务的竞争，这就决定了市场经济本质上是一种“服务经济”。而在我国社会主义制度下，消费者正是广大的人民群众。因此，发展市场经济与提倡为人民服务不仅不是矛盾的，而且是根本一致

的。把发展市场经济与为人民服务对立起来的观点，实际上是一种唯利是图的错误观点。我们正在建设的是中国特色社会主义市场经济，社会主义为市场经济提供了充分展现服务本质的社会制度条件。在社会主义市场经济条件下，坚持为人民服务的思想，将为人民服务作为社会主义道德体系的核心，努力搞好社会主义道德建设，也是市场经济本身得以繁荣的客观要求。

### 四、大学生要自觉培养为人民服务的思想

在革命战争时期，毛泽东曾在《五四运动》一文中说过，革命的或不革命的或反革命的知识分子的最后分界，看其是否愿意并且实行和工农民众相结合。这是当年革命领袖看待青年是否为先进分子的标准，所谓与工农结合，其实质是对待工农的态度，强调的是主动服务于工农，不是远离工农、背离工农。今天的情况与当年当然不同，但在对待工农、服务于工农这一点上是一致的。今天，我们完全可以这样说，看一个大学生是否是社会的先进分子，是否能够成为社会主义现代化建设事业的接班人，也要看其是否愿意自觉培养为人民服务的思想。

具体来说，大学生要培养为人民服务的思想，首先就要端正学习目的和态度，确立为中华民族的伟大复兴和人民的幸福而立志成才、发奋读书的人生目标。一个大学生，学习的目的是为了自己还是为了人民，这是一个根本性的问题，并非只是一个纯粹的思想理论问题。事实证明，端正学习目的会在根本上对学习产生积极的影响，不仅影响平时的学习态度，而且影响各种学习活动的效果。其次，要努力搞好自己的专业学习。这是将来大学生为人民服务的“本钱”。有的大学生对人民群众怀有较深厚的感情，也有将来为人民干一番事业的良好愿望，但在校读书期间却不大注意认真学习、努力掌握专业知识和提高专业技能，这是不对的。大学学习是掌握专门的知识和技能的专业学习，为人民服务不是一句空洞的口号，也不只是凭借一时的满腔热情，而是需要掌握过硬的实际本领，否则一切良好的愿望都不可能实现。再次，从掌握实际的为人民服务的本领出发，大学生还要自觉培养脚踏实地、艰苦奋斗的学风。

历代莘莘学子的人生经历都证明，凡是走上工作岗位后干出一番事业的大学毕业生都是一些具有脚踏实地、艰苦奋斗的学风的人。这是因为，今天的学风与将来的工作作风是紧密联系在一起的，今天没有良好的学风，将来就很难会有良好的工作作风。最后，还应当注意，大学生在校读书期间要积极主动地参加有益于人民群众的社会公益活动，如助残助弱、保护环境等，从中体会为人民服务的人生意义。

如同其他一切先进的思想道德观念一样，为人民服务的思想不是自发形成的，它依赖于教育和培养，其中自我教育即主体的自我修养是关键，而自我修养贵在自觉。大学生在培养为人民服务的思想观念的过程中，应当充分注意这一点。

## 第三节　集体主义是社会主义道德建设的基本原则

集体主义作为社会主义道德建设的基本原则，是正确看待个人与社会集体之间利益关系的先进思想观念。在伦理道德层面，它是先进的思想道德观念合乎逻辑发展的产物。

### 一、什么是集体主义

集体主义道德原则包含三个相互联系、相辅相成的基本方面，这就是：集体利益高于个人利益；重视和保障个人利益，在一般情况下主张将个人利益与集体利益结合起来，实现共同发展；在个人利益与集体利益发生矛盾而又不能解决的情况下，要求个人利益服从集体利益。

在科学的意义上，集体主义的基本精神是强调个人与社会集体之间在利益关系上的根本一致性，强调努力使个人利益与社会集体利益结合起来，得到共同发展。这可以看成集体主义的常态要求。就是说，集体主义并不反对个人利益、个人价值和个人追求。在个人利益与社会集体利益发生矛盾而又暂时不能解决的情况下，为了维护大多数人的利益，为了社会和集体的发展，要求个人服从社会和集体的需要。不难看出，这样来理解和把握集体主义，就既与漠视个人正当利益和需要的封建整体主义的道德原则区分开来，也与资产阶级所鼓吹的个人主义的道德原则划清了界线。集体主义是人类有史以来最为科学合理的道德原则。

集体本是一个系统，所以，科学地理解集体主义，其基本精神在引申的意义上还应当包含把局部利益与全局利益、近期利益与长远利益结合起来的思想道德观念。

## 二、确立社会主义的义利观

义与利，是中国传统伦理道德的一对基本范畴。所谓义，亦称公义，一般指的是人们对待公众和他人利益的思想和行为要符合社会道德标准。所谓利，亦即私利，自古以来指的都是个人利益。对义与利的关系持何种认识和态度，便产生了义利观。义与利的关系，在内涵上比集体主义所调整的对象要宽泛一些。因为，义与利的关系不仅包含个人利益与社会集体利益的关系，也包含个人与他人之间的利益关系。

个人与社会集体之间的利益关系和人们相互之间的利益关系都是一种历史范畴，这两种利益关系的内涵和对应方式在不同阶级统治之下和不同的历史时代是不一样的。这就决定了不同社会和不同的历史时代有不同的义利观，甚至是根本对立的义利观。

人类处于原始社会特别是原始社会早期的时候，由于受生产力水平的制约，各种利益关系模糊不清，个人与社会集体和人们相互之间的利益关系差别不明显，更不存在根本性的对立。所以，原始社会的义利观是一种绝对性的平均主义。中国封建社会的义利观的基本倾向是重义轻利，今天看来既含有合理的因素，也含有不合理的成分。合理的因素表现在充分肯定了道德在许多情况下的社会价值，强调做人做事不能只讲“利”，不讲“义”；在处理个人与社会集体、个人与他人之间的利益关系的时候，要注意社会集体利益和他人的需要，尊重集体，善待他人；在发生利益关系矛盾的情况下，更重视“见利思义”“舍生取义”的道德价值。这些，在今天仍然有它的借鉴意义，其合理的成分仍可以为今日所用。其不合理的方面表现在将道德的社会价值绝对化，缺乏具体分析问题的方法和态度。在不合理因素的长期影响下，过去甚至还时常出现只讲义而不讲利的情况，习惯于将一个人的义利观与其道德人格评价联系起来，认为在义与利之间重视个人利益者是“小人”，重视伦理道德者是“君子”。今天看来，这种传统的义利观无疑是片面的，带有历史的局限性，所以，当代中国的社会主义道德建设不可照搬照用中国传统的义利观。

资产阶级的义利观可一言以蔽之：贪得无厌、唯利是图。生产的社会化、经营的市场化和资本的私人占有制之间的深刻矛盾，养成了资本家贪得无厌、唯利是图的阶级本性。资产阶级从一己私利出发，总是把获取最大的利润当作人生追求的最终目标，为此不仅盘剥国内的工人阶级和广大劳动人民，而且还通过资本输出剥削世界其他弱小民族的劳动者。在处理国家和民族的国际关系中，资产阶级的义利观通常表现为狭隘的民族利己主义，这一特点不仅为以往的资本主义发家史所证明，在当代国际社会也是屡见不鲜的。泰戈尔在《民族主义》一书中曾经一针见血地指出：西方资本主义习惯于将其利己主义看成一种普遍的法则，在世界的范围内毫无顾忌地推行他们的民族利己主义。

弘扬社会主义道德，应当在坚持集体主义的同时倡导社会主义的义利观。社会主义义利观，总的来说，在价值取向上主张义利并重，尊重个人利益与社会集体利益、他人利益，把个人利益与社会集体利益、他人利益结合起来，保持个人的生存与发展、人民的需要和社会整体的文明进步相一致。同时，社会主义义利观还充分肯定和大力提倡为社会集体和他人的发展积极劳动、不图回报的奉献精神。因此，在处理个人与社会集体利益的关系问题上，提倡社会主义的利益观，推行为人民服务的思想道德观念和集体主义道德原则是一致的。

### 三、坚持集体主义，反对个人主义

在资本主义国家，个人主义既是一种社会历史观，也是一种伦理道德原则。我们在这里所涉及的个人主义主要是从伦理道德原则的意义上说的。在中国人看来，作为伦理道德原则的个人主义与利己主义并不存在什么本质上的差别，两者都主张以个人利益为中心，强调个人利益和个人价值的至上性，在个人利益与社会集体利益、他人利益发生矛盾的时候，首先想到和维护的是个人利益，为此会不惜牺牲社会集体和他人的利益。

在我国理论界，有些人一直主张要将个人主义与利己主义区别开来，认为个人主义有积极的一面，在历史上曾经起过进步的作用，而利己主义从来都是消极的、不合理的、落后的。对这种主张应当作具体分析。诚然，个人主义不论是作为一种社会历史观还是作为一种伦理道德原则，在历史上都确曾起过反对封建专制主义的积极作用，但其在理论上的立足点却是不科学的，它认为人的本性都是自私的，在这一点上与利己主义并不存在什么本质的差别。人类已经进入现代文明发展的历史新时期，中国是社会主义国家，我们不能允许把个人主义作为一种道德原则，从根本上影响中国人的道德生活，当然更不能允许把个人主义作为一种社会历史观，当作中国社会主义现代化建设事业的指导思想。

个人主义的经济根源是资本主义私有制，但在西方资本主义文明史上，个人主义作为一种伦理道德原则却一直被资产阶级所“修正”和补充，经历了一个由极端个人主义向“合理利己主义”演变的历史过程。

在资产阶级革命早期，霍布斯认为“人对人是狼”，片面强调个人利益的至上性，个人的绝对自由和权利，漠视社会和他人的自由和权利。这种极端的利己主义在资产阶级上台后不久，便为主张重视“最大多数人的最大幸福”、把个人对于公众的责任和义务放到了引人注目的位置的功利主义所“修正”和取代。在此期间，密尔甚至明确地提出了要使个人利益、个人权利和公众的利益和权利“合成”起来的主张。再后来，以爱尔维修、费尔巴哈等人为代表的一批进步的人文主义者又提出了“合理利己主义”的思想，认为个人是目的，社会是手段，目的与手段应当统一，并主张个人的存在与发展要以这种统一为基础。今天看来，“合理利己主义”的“合理”之处在于主张这种统一，“不合理”之处在于仅将个人与社会和他人的关系看成目的与手段的关系，而没有看到在社会生活中个人与社会以及他人的关系实际上是互为目的与手段的关系，并且要以社会集体利益高于个人利益为前提。

在我国历史上，个人主义一直没有形成独立的社会意识形式，但是与小农经济有关的个人主义思想和自由主义作风却早已融合在一些人的道德意识中，成为他们的“人生哲学”。这种“人生哲学”以“人不为己，天诛地灭”，“拔一毛以利天下而不为”，“事不关己，高高挂起”，“各人自扫门前雪，休管他人瓦上霜”为基本表现。在中国封建社会，同这种“人生哲学”划清界限并与之作斗争的伦理道德观是以孔孟为代表的儒家思想。儒家思想本质上是反对个人主义的，它主张“推己及人”，“己所不欲，勿施于人”（《论语·卫灵公》），“己欲立而立人，己欲达而达人”（《论语·雍也》），“君子成人之美，不成人之恶”（《论语·颜渊》），个人对于他人、家庭和国家的义务和责任，即修身、齐家、治国、平天下，力求将人引导到关心“大家”的人生道路上。

个人主义的危害在于必然导致个人利益与社会、集体和他人利益之间的失衡，由此而破坏社会发展和繁荣所必需的基本稳定与和谐，甚至造成社会动乱，即所谓“人人营私，则天大乱”。在盛行个人主义伦理道德观的西方资本主义世界，资产阶级从来没有放弃过对个人主义可能造成的危害的警惕，他们一方面重视不断从理论上对个人主义的内涵进行“修正”，使之日渐“合理”，另一方面通过加强法治来遏制和削弱个人主义所固有的破坏特性。

在社会主义制度下，要坚持集体主义，就必须反对个人主义，这是在弘扬社会主义道德的过程中必须始终予以高度重视的一个重大的理论和实际问题。在这个问题上，我们一方面要在科学的意义上坚持贯彻集体主义的道德原则，引导人们自觉地发扬集体主义精神，同各种个人主义的思想和行为作不懈的斗争；另一方面，在反对个人主义的斗争中，也要注意一个科学性的问题。反对个人主义不是不要个人正当的利益，不要个人正当的追求。个人主义与个人正当的利益和人生追求不是一回事，一个人在获取个人利益和追求个人价值的时候，是否与个人主义有联系，关键是要看其手段和方式是否正当，是通过自己的努力还是采用损人利己、损公肥私的行为。因此，在认识上，要区分个人主义与正当的个人利益和个人需求的界限，既要坚持反对个人主义，又要尊重个人正当的利益和需要，鼓励人们通过诚实劳动而发家致富，通过刻苦学习而努力成才。只有这样，才能真正达到坚持集体主义、反对个人主义的目的。

## ■ 实例研讨

2011年9月3日，武汉市88岁的李老汉在离家不到百米的菜市场口摔倒后，众多围观者无人敢伸出援手，直到老人家人赶到才将其送往医院。遗憾的是，由于没有得到及时救治，老人因鼻血堵塞呼吸道窒息死亡。自从南京“彭宇案”之后，老人摔倒无人敢扶这样的新闻已经屡见不鲜。

武汉一电动车车主因好心扶起不慎摔倒的八旬老太太，反被老太太认定是撞人者。就在车主自认倒霉，准备赔200元了事时，在数名现场目击者的坚持下，交警判定这起事故并非交通事故，让车主离开现场。无独有偶，在江苏如皋，也有监控视频证实，一位被老太太认定是在路边撞倒自己的大巴司机，实际上是出手相助的热心人。事后，老人全家内疚之余，为司机送去锦旗。

一方称助人为乐，一方称对方肇事后扶人，这样的“罗生门”案例并不罕见。轰动一时的南京“彭宇案”就曾引发全国关注。有网友评论，“彭宇案”已经不是一起简单的民事案件，这一案件已严重伤害了社会公德。社会公德看似没有主人，其实，我们每个人都是它的主人，因为社会公德一旦遭到伤害，社会上的每一个人都可能是受害者。

请问：你怎么看待类似的事件？

思考题

1.什么是道德？怎样理解道德的本质？

2.公民基本道德规范有哪些内容？

3.发展社会主义市场经济与坚持为人民服务是不是矛盾的？为什么？

# 第五章　做坚定的爱国者

我是中国人民的儿子，我深情地爱着我的祖国和人民。

——邓小平

中国唯有国魂是最可宝贵的。唯有它发扬起来，中国人才真有进步。

——鲁迅

人民不仅有权爱国，而且爱国是个义务，是一种光荣。

——徐特立

爱国主义是推进中国社会前进的巨大力量，是各族人民共同的精神支柱，是社会主义精神文明建设的重要组成部分，同时也是社会主义建设者和接班人的基本要求。正是在爱国主义精神的激励和鼓舞之下，中华民族才能历经沧桑，经磨难而不倒，历挫折而不衰，屹立于世界民族之林。

## 第一节　爱国主义是中华民族宝贵的精神财富

一个国家的民族意识和民族觉悟的集中体现是爱国主义，而爱国主义作为一种强大的精神力量，又是一个民族赖以生存和发展的灵魂所在。

### 一、爱国主义的科学内涵

爱国主义体现了人民群众对自己祖国的深厚情感，反映了个人对祖国的依存关系，是人们对自己故土家园、种族和文化的归属感、认同感、尊严感与荣誉感的统一。它是调节个人与祖国之间关系的道德要求、政治原则和法律规范，也是民族精神的核心。

爱国主义有主客观两方面的不同要求，从主体精神状态看，它是爱国情感、爱国思想和爱国行为的统一。

首先，爱国情感是爱国主义的感性基础。古今中外，人们都把自己的祖国比作“母亲”，对她怀有极其深厚的感情，祖国的英文单词就是“motherland”，字面含义就是母亲之国。对母亲之国的热爱，是人类的一种共同情感。这种感情在人类所有的感情中最纯粹、最高尚、最神圣，其表现形式也十分丰富。比如，有对养育自己的美丽国土、锦绣家园、富饶土地的眷恋感，对伟大祖国的悠久历史、灿烂文化、传统美德的认同感，对各族人民和骨肉同胞的亲切感、尊重感、归属感，对维护国家独立、主权和领土完整的责任感、义务感、献身感，等等。

其次，爱国思想是爱国主义的理想升华，是在热爱祖国的基础上产生的对祖国的历史、现状和未来，以及个人与祖国关系的一种理性认识，它常常以某种观念、思想、理论的形式表现出来。这种思想观念作为群体意识，凝聚着人们对国家及其根本利益的整体认识，对祖国前途命运的理性审视和把握，对建设祖国的理想和筹划，具体表现为民族自尊意识、民族自强意识、民族自觉意识、民族忧患意识、竞争参与意识等。作为个体意识，它潜在于人们的内心深处，包括对自己祖国的亲身体验和间接认识，对祖国传统文化的评价，对国家利益的认同等，从而形成个体的特定的祖国观。

最后，爱国行为是爱国主义的具体实践，是人们身体力行，以报效祖国的实际行动来抒发自己的爱国情感、实践爱国思想和完成爱国志向，为祖国的繁荣昌盛多作贡献。爱国主义是具体的，不是抽象的，不能口头上说爱国，结果却在国家集体需要的时候逃避了。当祖国需要的时候，勇敢地站在最前面，保卫祖国是每个公民应尽的义务。作为公民，应积极投身保家卫国的行列中去，承担起为国家独立、民族兴旺和人民幸福而奋斗的历史使命。

只有将爱国情感、思想、行为三者统一，才是真正的爱国主义者，才不会沦为夸夸其谈的口头爱国者或鲁莽激愤的民主主义者。除了主体精神状态，爱国主义从客观内容方面看，是爱国民、爱传统和爱国家的统一。

热爱骨肉同胞。爱国民就是热爱"生于斯长于斯"的祖国骨肉同胞，历史证明，所有的爱国者都热爱自己的骨肉同胞，热爱自己的人民。封建社会也强调，民重君轻，敬民爱民，则国家兴盛；轻民贱民，则国家衰败。我国自古就有许多"先天下之忧而忧，后天下之乐而乐"为民请命的爱国志士，后来更有全心全意"为人民服务"的无产阶级政党的执政宗旨。摆正个人与人民的位置，增强民族的凝聚力和向心力，才能实现国家的振兴、发展。对自己骨肉同胞的爱，是对整个民族利益共同体的自觉认同；对人民群众的热爱程度，是检验一个人对祖国忠诚程度的试金石。爱自己的骨肉同胞，就是要培养对人民群众的深厚感情，永远和人民群众站在一起。

热爱祖国的灿烂文化。文化常常被称为一个国家或民族的胎记，是一个民族得以延续的精神基因，是民族凝聚力的重要基础。中华民族是一个具有五千年文明历史的古老民族，在民族文化的历史发展中，曾创造过许多辉映万古的灿烂业绩。正是因为有了丰富的中华文化，才使中国成为一个富有生命力的有机体。

热爱自己的国家。"国家"和"祖国"是两个不能完全等同的概念，"祖国"的英文单词是"motherland"，"国家"是"country"，"祖国"更突出民族性和自然性，"国家"更强调政治性和阶级性。也许有同学简单地认为："热爱祖国就是热爱她的壮丽河山、悠久历史和文化，与爱政党、爱制度没有必然联系。"显而易见，这是一种比较片面的观点。爱祖国有一个政治要求，那就是爱自己的国家，也就是说，今天爱祖国意味着爱中华人民共和国，爱社会主义制度，拥护中国共产党。一个国家的政治前途如何，直接关系到这个国家和民族的荣辱兴衰。所以，爱国家是爱国主义不可缺少的重要政治内容，是爱国主义在现实性上必然要有的载体。

## 二、爱国主义是中华民族的优良传统

爱国是世界各民族公认的价值标准。自从有国家以来，世界各族人民都以是否热爱自己的祖国、能否为国家贡献力量作为评价尺度，来评价一切个人、集团、政党、阶级的言行，并作为一个重要标准来评判一个国家的社会道德状况。热爱祖国的思想和行为，在人类社会生活中具有深刻的道德意义。人们把是否热爱自己的祖国作为分辨美与丑、是与非的准绳。

国家一般是由多个民族构成的。各民族之间虽然在生活方式、风俗习惯等诸多方面存在差异，但在对自己国家的热爱之情上是一致的。人们都渴望建设好家园，努力加强国家对民众的吸引力，清除离心力，千方百计弘扬本民族的优秀文化，提高民族自豪感和自信心，使国民热爱自己的国家，安于斯土，乐于斯土。这已成为世界各民族共同持有的价值评判标准，成为世界各民族文化的有机组成部分。

中华民族拥有爱国主义的光荣传统，爱国是中华民族的传统美德。中华民族是由多民族融合而成的伟大民族，各兄弟民族自古以来就在祖国广袤无垠的疆土上生息劳作，在共同创造中华民族灿烂文明的历史进程中，彼此间的关系越来越密切，形成了一个多民族的大家庭。热爱祖国、保卫共同的家园，是各兄弟民族的一致心愿。中华民族的爱国优良传统历史悠久、源远流长，主要表现为：缔造、维护祖国的统一和民族团结，反对外来侵略，推动社会进步和捍卫祖国领土的完整，开发祖国河山，创造灿烂的中华文明。

几千年来，勤劳、勇敢、智慧的中国人民坚持不懈地开发祖国河山，创造灿烂的中华文明，推动祖国朝着繁荣富强的方向前进，这是中华民族热爱祖国的重要表现。在开发祖国河山的艰苦斗争中，大禹、李冰父子和徐光祖等优秀代表表现出的改天换地的英雄气概、勇于探索的拼搏精神和求真务实的态度，成为中华民族宝贵的精神财富。与此同时，“位卑未敢忘忧国”的忧国忧民意识和“先天下之忧而忧，后天下之乐而乐”的高尚情操，也是鼓舞人民热爱祖国的宝贵的精神食粮。诸葛亮鞠躬尽瘁、死而后已的精神，魏征犯颜直谏、无所畏惧的气概，包拯刚正不阿、执法如山的品性，海瑞为民请命、除暴安良的勇气等，都流芳千古，为世人歌颂。

在中国近代史上，帝国主义列强的铁蹄踏入中华大地，中国各族人民为捍卫祖国的领土完整和主权独立，与侵略者进行了殊死搏斗，充分显示出中华民族同仇敌忾、捍卫祖国尊严的爱国精神。戚继光抗击倭寇、郑成功收复台湾的英雄壮举，谱写出中华儿女在祖国危难之际前仆后继、甘洒热血、反抗侵略、捍卫祖国的历史篇章。中华民族的近代史是一部屈辱史，也是一部充满着无数爱国事迹的英雄史诗。从1840年鸦片战争开始，西方列强的侵略使中国一步一步沦为半殖民地半封建社会，中国人民遭受着帝国主义和封建主义的双重压迫。这一时期中华民族的爱国主义特征主要表现为反对帝国主义、维护国家主权和民族尊严，反对封建主义、推翻腐败的封建专制统治的革命壮举。为了救亡图存，许多仁人志士艰苦求索，寻求救国救民、振兴中华的真理和道路。为了改变自己的悲惨境遇，中国人民进行了一次又一次英勇卓绝、可歌可泣的斗争。这些斗争在当时的社会历史条件下为拯救中国作出了积极贡献。在反对帝国主义、封建主义的斗争中，涌现出林则徐、魏源、康有为、梁启超、孙中山等爱国志士，在他们的身上充分体现了中国人民的伟大爱国品格。

1919年爆发的五四运动，是一次伟大的反帝反封建的爱国运动。这次爱国运动与以往历次的革命运动有着重要的不同：它是在俄国十月革命的直接影响下开展起来的，是由受科学理论熏陶的爱国青年和工人阶级参与的一次彻底的、不妥协的反帝反封建的革命运动。五四运动揭开了中华民族爱国历史的崭新一页，树立了一座推动中国历史进步的爱国主义丰碑。爱国，首先是争取民族独立、维护国家主权和领土完整，反对帝国主义的奴役和封建军阀政府的卖国行径。进步，首先是反对阻碍民族独立和人民解放的一切腐朽没落的东西，推动中国社会向前发展。民主，首先是推翻专制独裁的旧制度，实现广大人民群众的解放和民主、自由。科学，首先是探索指导中国人民根本改变受奴役、受压迫地位的科学真理和发展道路。五四运动所体现的爱国主义精神，是中华民族百折不挠、自强不息的民族精神的生动写照。这种历久弥新的伟大爱国主义精神，是我国几千年来发展和进步的主要力量源泉。在伟大的五四运动中，革命青年为救亡图存、振兴中华奔走呼号、奋不顾身，表现出了高尚的爱国情操和大无畏的革命英雄主义精神。

中国人民的爱国传统虽然在每个历史阶段有不同的特征和具体内涵，但作为中华民族世代相传的优良品格，其精神实质是一脉相承的。热爱祖国，开发祖国河山；维护祖国统一，捍卫祖国领土完整和主权独立，反对外敌入侵；维护民族团结，建设美好家园，推动国家走向强盛；反对腐败政权，推进社会进步等，是中国人民热爱祖国的永恒主题。

### 三、爱国主义是推动社会历史前进的强大精神力量

在我国，爱国主义历来是动员和鼓舞人们团结奋斗的一面旗帜，是全国各族人民共同的精神支柱。作为维护民族生存、抵制民族分裂、促进民族振兴的强大精神力量，爱国主义始终是一面号召多民族共同体团结奋进、协同作战、共同发展的伟大旗帜。不论是生活在哪个地区、有着什么信仰，也不论是哪个民族、操着何种口音，只要是华夏儿女，是中华民族大家庭中的成员，我们在国家利益面前都是高度一致的。国家兴，则人民荣；国家强，则人民富。国家利益与人民利益、民族利益紧紧连在一起，不可分割。同时，国家就是我们共同的家园，祖国给我们带来了归属感、安全感和幸福感。正是这样，爱国主义才能够成为我们民族共同体的强大精神力量，成为全体中华儿女心中永不褪色的鲜红旗帜。

爱国主义具有一种强大的凝聚力。爱国主义是在一定的社会历史条件下产生发展起来的，是由人们与祖国的利益关系决定的。人们生活在一定的国度里，个人的命运与祖国的命运便紧紧连在了一起，个人的生存依赖祖国的生存，个人的发展依赖祖国的发展，个人的地位取决于国家的地位。这是历史的经验，也是世界各个民族的共识。正因如此，爱国主义才成为凝聚人们的巨大精神力量，使人们同心同德，反抗侵略，振兴国家。在我国多民族的大家庭里，各民族的发展历史有长有短，风

俗习惯、宗教信仰、语言文字各有不同，经济文化的发展存在着较大差异，但是历经数千年大风大浪的考验，整个中华民族却一直保持着蓬勃的生机和旺盛的活力。是什么力量把众多的民族团结、凝聚在一起的呢？正是伟大的爱国力量。

爱国主义具有一种巨大的向心力。许多港澳台同胞、海外侨胞正是在这种力量的驱动下，一心投向伟大的爱国事业。他们为了祖国的解放、建设和改革发展，不顾生活的环境、背景，甚至不顾生命危险，出钱出力，献计献策。伟大的革命先行者孙中山，其谋求民族之强的事业曾得到很多海外侨胞的鼎力资助；新中国的建立，也凝结着海外侨胞的拳拳之情。陈嘉庚、李政道等之所以身在异域而心系祖国，就是因为爱国主义发挥着巨大的向心力。

爱国主义具有一种强大的感召力。祖国养育了她的国民，国民为国效力作为回报，这是人类的一种崇高的责任感和知恩图报的精神。正是在这个意义上，爱国主义是一种巨大的道德力量、一种高度的责任感。人们在爱国主义的长期感召之下，会形成感激和报效祖国的坚定信念，对祖国光明和美好的前景充满信心，为此而努力学习和工作。

## 第二节　新时代的爱国主义

当前我国正处在一个新的历史时期，在中国特色社会主义新时代的背景下，全国各族人民在中国共产党的领导下，必须坚持和弘扬爱国主义精神，坚持爱国主义与爱社会主义的统一，朝着建设中国特色社会主义现代化强国的伟大目标前进。

### 一、大力弘扬新时期的爱国主义

爱国主义是中华民族的民族心、民族魂，是中华民族最重要的精神财富，是中国人民和中华民族维护民族独立和民族尊严的强大精神动力。爱国主义精神深深植根于中华民族心中，维系着中华大地上各个民族的团结统一，激励着一代又一代中华儿女为祖国发展繁荣而自强不息、不懈奋斗。新时代的爱国主义教育，对于振奋民族精神、凝聚全民族力量，决胜全面建成小康社会，夺取新时代中国特色社会主义伟大胜利，实现中华民族伟大复兴的中国梦，具有重大而深远的意义。

坚持爱国主义和社会主义相统一。新中国是中国共产党领导的社会主义国家，祖国的命运与党的命运、社会主义的命运密不可分。当代中国，爱国主义的本质就是坚持爱国和爱党、爱社会主义高度统一。要区分层次、区别对象，引导人们深刻认识党的领导是中国特色社会主义最本质特征和最大制度优势，坚持党的领导、坚持走中国特色社会主义道路是实现国家富强的根本保障和必由之路，以坚定的信念、真挚的情感把新时代中国特色社会主义一以贯之进行下去。

坚持以维护祖国统一和民族团结为着力点。国家统一和民族团结是中华民族根本利益所在，始终不渝坚持民族团结是各族人民的生命线，巩固和发展平等团结互助和谐的社会主义民族关系，引导全国各族人民像爱护自己的眼睛一样珍惜民族团结，维护全国各族人民大团结的政治局面，巩固和发展最广泛的爱国统一战线，不断增强对伟大祖国、中华民族、中华文化、中国共产党、中国特色社会主义的认同，坚决维护国家主权、安全、发展利益，旗帜鲜明反对分裂国家图谋、破坏民族团结的言行，筑牢国家统一、民族团结、社会稳定的铜墙铁壁。

坚持既立足中国又面向世界。一个国家、一个民族，只有开放兼容，才能富强兴盛。要把弘扬爱国主义精神与扩大对外开放结合起来，尊重各国历史特点、文化传统，尊重各国人民选择的发展道路，善于从不同文明中寻求智慧、汲取营养，促进人类和平与发展的崇高事业，共同推动人类文明发展进步。爱国主义在新的历史时期被赋予了时代的新内涵。一方面，我们要热爱自己的祖国；另一方面，也应该放眼世界，致力于解决全世界人民共同关心的问题。正确处理好热爱祖国与关爱世界，为祖国服务与为国际尽义务的关系，力争为世界的和平与发展作出我们应有的贡献。同时，我们要树立科学发展观，要建设中国特色社会主义就是要促进经济、政治、文化、社会全面协调发展，促进人与自然和谐可持续发展，处理好经济发展、人口增长与资源环境的关系，走生产发展、生活富裕、生态良好的文明发展道路，把我国建设成为富强民主文明和谐美丽的社会主义现代化强国。

## 二、弘扬爱国主义与弘扬中国精神

弘扬新时期的爱国主义必须弘扬以民族精神和时代精神为主要内容的中国精神。以爱国主义为核心的民族精神和以改革创新为核心的时代精神是社会主义核心价值体系的重要组成部分。民族精神和时代精神紧密相连。民族精神是时代精神形成的重要基础和依托，时代精神是民族精神的时代性体现。两者的有机统一，构成了中国精神的本质内涵。

团结统一。团结是指一个民族为了实现共同的理想和目标，凝聚全民族的意志、智慧和力量，同心同德、维护统一、顾全大局的互助合作精神。中华民族的团结统一精神，根植于华夏大地，深深地印在中国人的民族意识中，成为维护祖国统一和民族团结的牢固纽带，是中华民族的立身之本。自古以来，中国各民族之间就存在着一种强烈的民族认同感，都以自己是中华民族的子孙而自豪，都有维护国家统一、反对民族分裂的整体感和责任感。孔子修订《春秋》，主张大一统。孟子认为，天下归于一统，就会安定。到了汉代，大一统观念成了流行的观念。中国各族人民在长期的社会实践中切身感受到国家的统一是民族生存、发展的基本前提，都用自己的实际行动谱写了一曲又一曲维护统一、反对分裂的颂歌。中国从秦朝建立统一的中央集权制国家以来，主体之所以一直是一个统一的多民族国家，重要的原因就在于中华民族高度一致的整体感、责任感和忠实于群体的价值取向，在于各个民族之间和睦合作、友好相待的优良传统。离开了团结统一，一个多民族国家要想在数千年的历史进程中始终保持统一和繁荣，是不可想象的。

爱好和平。爱好和平是指一个民族在同其他民族的交往中，平等相待，友好相处，求同存异，团结合作，维护世界和平、促进共同发展的精神。中华民族历来以爱好和平著称于世，被誉为“礼仪之邦”。中华民族爱好和平的精神不仅表现在与各兄弟民族、各民族成员之间的互帮互助、携手共进上，而且表现在与世界上其他民族的友好交往、休戚与共上。“协和万邦”（《尚书·尧典》）、“德莫大于和”（《春秋繁露·循天之道》）的观念深深地扎根于中华民族的传统之中。“亲仁善邻”（《左传·隐公六年》）、“讲信修睦”（《礼记·礼运》）、“四海之内皆兄弟”（《论语·颜渊》）、“天时不如地利，地利不如人和”（《孟子·公孙丑下》），这些中国先哲的著名言论，生动地表现了中华民族在处理民族问题上的海纳百川的宽宏胸襟，充分体现了中华民族爱好和平、与邻为善的精神。

勤劳勇敢。勤劳勇敢是指一个民族为了自身的存在和发展，在改造客观世界的实践中，勤奋劳作，努力不懈，勇于拼搏，敢于斗争的精神。勤劳勇敢是中华民族优秀的民族性格和伦理精神，自古至今，它贯穿于中华民族社会生活的各个领域，体现在中华民族德行的各个方面。在中华民族的意识中，勤劳是一切事业成功的保证，是兴家立业的传家宝，是兴国立世之本，也是众德之首、万善之源。勇敢与勤劳是紧密联系在一起的。人类在改造自然的劳动中，要想达到理想的彼岸，既要有勤奋耕耘、艰苦奋斗的品格，又要有勇敢拼搏、排除万难去争取胜利的精神。在中国古代思想家那里，勇敢是值得崇尚的美德，强调“不畏强御”（《诗经·大雅·烝民》）、“勇者不惧”（《论语·子罕》），要求人们面对权势和强暴，要有无所畏惧的精神。同时强调“勇于义而果于德，不以贫富、贵贱、死生动其心”（扬雄:《法言·渊骞》），要求人们为了追求真理，坚持正义，有置个人荣辱、贫富、生死于度外，赴汤火、蹈白刃在所不辞的见义勇为精神。中华民族依靠这种勤劳勇敢的伦理精神，缔造了古老的华夏文明，创造了一个又一个人间奇迹。

自强不息。自强不息是指一个民族所具有的独立自主、奋发向上、不断进取的精神。中国自古以来就有“天行健，君子以自强不息”（《周易·乾》）的精神，它体现为“富贵不能淫、贫贱不能移、威武不能屈”（《孟子·滕文公下》）的坚贞刚毅精神，体现为夸父追日、大禹治水、愚公移山、精卫填海的不屈不挠的精神，体现了因时而变、随时而制、“与时偕行”（《周易·乾》）、“与日俱新”（张君房:《云笈七签》）、

“苟日新，日日新，又日新”（《礼记·大学》）的与时俱进精神，体现了革故鼎新、“为往圣继绝学，为万世开太平”（《张载集》）的开拓进取精神。这些民族精神是中华民族世世代代、生生不息的力量源泉，是中华民族永无止境的精神追求，它激励中国人民变革创新、不懈奋斗，战胜了各种各样的风险，经受住了各种各样的考验。

以改革创新为核心的时代精神，是当代中国人民精神风貌的集中写照，是激发社会创造力的强大力量。建设和发展中国特色社会主义是一项前无古人的创造性事业，只有坚持解放思想、实事求是、与时俱进，大力弘扬以改革创新为核心的时代精神，才能使全体人民始终保持昂扬向上的精神状态，不断推进中国特色社会主义伟大事业。

弘扬以改革创新为核心的时代精神，就要大力推进理论创新、制度创新、科技创新、文化创新以及其他方面的创新。实践基础上的理论创新是社会发展和变革的先导。要使我们的事业不停顿，首先理论上不能停顿。如果因循守旧，思想僵化，社会的创造力就会被扼杀。当今世界的变化日新月异，我国改革开放和现代化建设事业的伟大实践在不断推向前进，迫切要求我们要大力推进理论创新。要坚持以实践来检验一切，自觉把思想认识从那些不合时宜的观念、做法和体制的束缚中解放出来，从对马克思主义错误的和教条式的理解中解放出来，从主观主义和形而上学的桎梏中解放出来，不断有所发现、有所创造、有所前进，不断赋予当代中国马克思主义以鲜明的实践特色、理论特色、民族特色、时代特色。制度创新是其他一切创新的重要保障。制度建设具有根本性、全局性、长期性和稳定性。要大力推进体制创新，不断完善适应发展社会主义市场经济、全面建设中国特色社会主义要求的各方面机制，进一步解放和发展生产力，使上层建筑进一步适应经济基础发展的要求，使中国特色社会主义充满生机和活力。科技创新能力是国家竞争力的核心。一个国家只有拥有强大的科技创新能力，才能有效地应对激烈的国际竞争。要把提高自主创新能力摆在重要位置，大力推进科技创新，实现科学技术的跨越式发展，使科学技术成为我国经济社会发展的强大推动力量，不断为建设创新型国家奠定坚实基础。大力推进文化创新是繁荣发展社会主义先进文化的需要。要坚持以马克思主义为指导，坚持中国先进文化的前进方向，坚持贴近实际、贴近生活、贴近群众，立足于改革开放和现代化建设的实践，着眼于世界文化发展的前沿，发扬民族文化的优秀传统，汲取世界各民族文化的长处，在时代的起点上推动文化内容形式、体制机制、传播手段的创新，激发整个中华民族的文化创造力，提高国家文化软实力，丰富人们的精神世界，增强人们的精神力量，激励各族人民积极投身社会主义现代化建设的伟大实践。

弘扬以改革创新为核心的时代精神，就要自觉投身于改革创新的伟大实践。创新的基础在人才。弘扬改革创新的时代精神，必须培养一大批具有创新精神的人才。要在全社会形成尊重人才、吸引人才、用好人才的制度环境、文化环境和舆论环境，努力为培养创新型人才营造良好的社会氛围。要通过良好的竞争体制来选拔人才，在事业中凝聚人才，在生活中关心人才，推动我国优秀人才的数量和质量有一个质的飞跃，把人才强国战略落到实处。

创新的希望在青年。树立以改革创新为核心的时代精神，是对大学生成长成才的基本要求，也是同学们必须具备的重要品质。大学生要立足于掌握丰富的知识和过硬的本领；要养成团结协作、艰苦奋斗、脚踏实地的作风；要积极投身社会实践，深入实际，深入群众，从广阔的社会实践中提炼研究题目，在深入了解社会的基础上提出真知灼见。大学生风华正茂，敢于冲破落后的、陈腐的观念，有比较丰富的科学文化知识和较高的科学素质，思维较为敏捷，具有创新潜力，是国家创新人才的重要后备军。在已举办多届的高校“挑战杯”科技创新大赛中，大学生展现了自己的创新才能，充分证明大学生是勇于创新、善于创新的群体。同学们要树立创新意识，发扬创新精神，确立与时代潮流相适应的思想观念、价值取向和行为方式，努力走在全社会的前列，努力为理论创新、制度创新、科技创新、文化创新以及其他各个方面的创新作出应有的贡献。

## 第三节　做坚定的爱国者

“天下兴亡，匹夫有责”表现出一个爱国者基本的责任担当。坚定的爱国者令人感动。青年大学生应该掌握专业的知识和技能，树立正确的世界观、人生观和价值观，热爱祖国的灿烂文化，维护国家利益，增强国防观念，做坚定的爱国者。

### 一、掌握报国之才

报国之才是报效祖国应具备的基本能力与技能，即报国的本领。爱国之情是献身祖国的感情基础，而在此基础上确立的为祖国繁荣昌盛而奋斗的人生目标就是报国之志。爱国之情和报国之志是学习和掌握报国之才的巨大动力，掌握报国之才是落实爱国之情、实现报国之志必不可少的手段和条件，只有掌握报国之才，爱国之情和报国之志才能化作报国之行。对于大学生来说，做坚定的爱国者，就是要把报国之志落实在掌握报国之才上，使自己成为中国特色社会主义的建设人才，将来为实现社会主义现代化和中华民族的伟大复兴作出应有的贡献。

当今，我国现代化建设已进入关键的历史时期，在我们这样一个人口众多、资源相对不足、经济文化比较落后的发展中国家，依靠什么来实现社会主义现代化建设的伟大目标呢？在知识经济已现端倪的今天，具有决定性意义的就是走科教兴国的道路，把经济建设真正转到依靠科技进步和提高劳动者素质的轨道上来。

“科学技术是第一生产力，而且是先进生产力的集中体现和主要标志。科学技术的突飞猛进，给世界生产力和人类经济社会的发展带来了极大的推动。”在新的世纪，新学科、新知识、新技术不断涌现，无论在发展的广度、深度，还是速度上，都将是过去的20世纪无法比拟的。在这场全新的竞争中，谁的科学技术、文化建设落后，就直接导致其经济的落后，也就可能成为强权政治的附庸。中国能否在21世纪崛起，中华民族能否实现伟大复兴，关键在于有没有一支高素质的建设队伍。这样一支宏大的建设大军的后备力量就是青年大学生，因而青年大学生可谓任重而道远。当代大学生要树立知识资源的观念，努力学习科学文化基础理论，掌握现代社会发展前沿的最新知识和技能，培养自主创新能力，全面提高自己的综合素质。要以更加开放的眼光，更为宽广的胸怀，满腔的热情投身于科教兴国的伟大实践。没有建设祖国的过硬本领，纵有一腔爱国热血却也无以为报。因此，努力学习现代科学文化知识和技能，全面提高综合素质，掌握建设祖国的才能，这是青年大学生实现报国之志，成长为有作为的爱国者的必由之路。

## 二、自觉维护国家利益

自觉维护国家利益，就要承担起对国家应尽的义务。我国宪法明确规定了公民维护国家安全的基本义务，国家安全法、保守国家秘密法、国防法、兵役法、反间谍法等法律明确规定了公民维护国家安全的各项具体的法律义务。每一位中国公民都要把国家的安全、荣誉和利益放在第一位，与祖国同呼吸、共命运。当祖国的领土和主权受到外来侵略时，自觉地担负起保卫祖国的神圣职责；当国家的利益受到损害时，同一切损害国家利益的行为作斗争；当个人利益与国家利益发生矛盾时，个人利益应当服从国家利益。

自觉维护国家利益，就要维护改革、发展、稳定的大局。爱国应当是一种理性的行为，不是简单的情感表达，要讲原则、守法律，以合理合法的方式来进行。不管在国内还是国外，既要体现中国人维护国家利益的坚定信念，又要体现中国公民的文明形象和风范。应充分认识和尊重人类文化的多样性，虚心学习和借鉴别国的长处和经验，并积极承担国际责任，为世界的和平与发展作出贡献。

自觉维护国家利益，就要树立民族自尊心和自豪感。民族自尊心和自豪感就是相信依靠本民族的力量能够迎接挑战、战胜困难，使自己的祖国傲然屹立于世界民族之林。坚定的民族自尊心和自豪感，是维护国家利益、促进民族进步的取之不尽、用之不竭的强大精神动力。邓小平曾告诫我们："谈到人格，但不要忘记还有一个国格。特别是像我们这样第三世界的发展中国家，没有民族自尊心，不珍惜自己民族的独立，国家是立不起来的。"[①]真正的爱国者，在任何时候、任何情况下都要把维护国家的安全、荣誉和利益放在第一位，把民族自尊心和自豪感体现在爱国的实际行动中。

自觉维护国家利益，就要树立国家安全观。国家安全是指一个主权国家的生存和发展利益不受侵犯和威胁，包含领土完整和主权独立、防范侵略和武装颠覆、政治利益与经济利益的安全等。随着时代的发展，国家安全的内涵和外延在不断地丰富，因此对公民的国家安全观也提出了更高的要求。作为新时代的大学生，必须严格遵守宪法等法律法规关于国家安全的有关规定，反对一切形式的恐怖主义和极端主义，特别要注重网络信息安全，坚决抵制有害国家安全的网络违法行为。

### 三、维护民族团结和国家统一

我国是个多民族的国家，中华民族是由多民族融合而成的伟大民族。自秦始皇统一中国以来，伟大的中华民族就一直保持着统一的历史。中华人民共和国成立后，在中国共产党的领导下，五十六个民族坚持平等、团结、互助和共同发展，为使祖国繁荣昌盛而努力奋斗！国家在解决民族问题上实行民族区域自治制度，强调尊重不同民族的文化传统、宗教信仰和风俗习惯。实践证明，民族区域自治制度的实行，对于维护和巩固祖国的统一，维护各民族的利益和权利，促进各民族的共同团结奋斗和共同繁荣发展，发挥了极其重要的作用。

做坚定的爱国者，应当维护民族团结和国家统一，反对民族歧视和民族分裂，尊重民族风俗习惯，促进民族团结、平等互助和共同发展，共同进步。宪法序言中写道："中华人民共和国是全国人民共同缔造的统一的多民族国家。"维护民族团结，既要反对大民族主义，主要是大汉族主义，也要反对地方民族主义。宪法第五十二条规定：中华人民共和国公民有维护国家统一和全国各民族团结的义务。这一规定充分体现了爱

---

①《邓小平文选》第3卷，人民出版社1993年版，第331页。

国主义的法定原则。在中国共产党的领导下，维护民族团结，促进祖国统一，这不仅是每个中国人的职责和义务，也是每个中国人正确处理个人与民族、个人与国家，民族与民族、民族与国家关系的重要原则。一个真正的爱国者，在民族团结和祖国统一的大是大非问题面前，应始终以祖国和民族的根本利益为前提，要像爱护自己的眼睛一样，坚决反对一切损害民族团结和祖国统一的错误言行。一个真正的爱国者要能够明辨是非，认清"藏独"和"疆独"等各种分裂主义势力的险恶用心和反动本质，不信谣、不传谣，不受分裂分子挑拨煽动，不参与违法犯罪活动，敢于同破坏民族团结的行为作坚决斗争。

中华人民共和国的成立，标志着中华民族的历史开始了一个新纪元。但是，由于各种历史的原因，香港和澳门曾分别在英国和葡萄牙的殖民统治之下。1997年香港回归祖国，1999年澳门回归了祖国，台湾则仍在外漂泊，国家统一大业尚未最后完成。祖国统一是中国历史发展的必然要求，是全中国人民包括台湾同胞、港澳同胞和海外侨胞在内的共同愿望。正如邓小平生前所说，实现国家统一是民族的希望，是民族的感情，分裂状态是违背民族意志的。

党的十一届三中全会以来，随着国际形势的新变化和解放思想、实事求是思想路线的确立，在考虑和平解放台湾问题进而扩展到解决香港、澳门问题的过程中，邓小平集中全党的智慧，提出了"一国两制"的构想。坚持按照"一国两制"构想，实现祖国的和平统一，是中国共产党和中国政府在解决台湾、香港、澳门问题上的既定方针，体现着解决国家统一问题的新思路，符合中国的实际，符合中华民族的根本利益，也符合世界发展的潮流。1997年7月，香港回归祖国。1999年12月，澳门也回到祖国的怀抱。现在香港、澳门两地高度自治，社会稳定，经济繁荣，人们安居乐业，这在实践上证明了"一国两制"构想是切实可行的。我们相信，台湾问题也会在这一伟大构想的指导下，最终得到妥善解决。

### 四、增强国防观念

国防是国家为抵御外来侵略与颠覆，捍卫国家主权、领土完整，维护国家安全、统一和发展，而进行的军事以及与军事有关的政治、经济、科技、文化、教育等方面的建设和斗争。国防观念是指一个国家和民族对国防建设的目的、内容、途径和重要性等问题的认识，它主要包括国防忧患意识、国防目标意识、国防价值意识、国防责任意识、国防法制意识和国防献身意识等。国防是国家生存和发展的安全保障。在当今时代，维护世界和平，维护国家安全，促进国家统一和发展，需要建立强大、巩固的国防。

虽然和平与发展是当今世界的主流，但局部战争时有发生，世界各国都争相把国防建设摆到十分突出的位置。我国近几十年来无战事，一些人便随着战争枪炮声远去而淡化了国防观念。有的人把国防只看成国家的事、军队的事，与自己无关，这是十分危险和可怕的认识。战争可以千日不打，观念不可一日松懈。在改革开放初期，邓小平就深刻地指出，要始终把国家安全和主权放在第一位。一个国家和民族如果安全利益得不到保障，就不会有其他利益可言。北约轰炸我国驻南联盟大使馆的野蛮行径再次给我们敲响了警钟：我们必须抓紧时间加强经济建设，使自己强大起来，更要进一步加强国防建设。我们要时刻强化自身的国防观念，树立有备无患、居安思危的观念。

增强国防观念，是大学生报效祖国、弘扬爱国主义精神的重要体现。爱国就要热爱祖国、建设祖国、保卫祖国。我国宪法明确规定，保卫祖国、抵御侵略是中华人民共和国每一个公民的神圣职责。在历史上，无数青年学生为了国家的独立和民族的富强，纷纷献出了宝贵的生命。今天，尽管我们国家处于和平时期，但“天下虽安，忘战必危”，这就需要我们具有强烈的爱国之情、报国之心、保国之志。大学生作为中国特色社会主义事业的建设者和接班人，应增强国防观念，心系国家的安危，在祖国和人民需要的时候能挺身而出，肩负起保家卫国的重任。

增强国防观念，是大学生履行国防义务，关心支持国防和军队建设的必然要求。党的领导人一贯强调要对全民进行国防教育，增强全民国防观念。毛泽东同志在抗战初期，就明确提出对人民大众进行国防教育和精神动员，并视其为坚决抗战的八个办法之一。改革开放以来，邓小平同志强调要加强对公民特别是青少年的国防教育，指出国防教育要从娃娃抓起。大学生既是社会主义现代化建设的有用人才，也是国防建设的后备人才，必须具有很强的国防观念和忧患意识，自觉关心国防并积极履行国防义务，努力为国防和军队现代化建设贡献智慧和力量。

增强国防观念，是大学生提高综合素质，促进自身全面发展的迫切需要。大学生通过接受国防和军事方面的教育训练，增加国防观念，掌握基本的国防知识，不仅有助于强健体魄，磨练意志，也有助于养成讲道德、守纪律的良好风尚，在思想、知识、技能和体质等各方面得到全面发展，从而有力地促进自身综合素质的提高，成为国家的栋梁之材。

## ■ 实例研讨

今年全国两会期间，在“下团组”活动中，习近平总书记与代表委员共商国是，并发表重要讲话。总书记在疫情防控常态化背景下观大势、谋全局，统筹多种关系，直面复杂问题，写下“中国之治”最新篇章。回眸此次疫情“大考”，我国国家治理体系和治理能力显现出强大生命力；而在抗疫斗争中产生的伟大抗疫精神正成为推动国家治理现代化的强大精神力量。今天，经过艰苦卓绝的斗争，取得了疫情防控人民战争、总体战、阻击战的重大战略成果的时刻，准确解读、自觉弘扬伟大抗疫精神，具有十分重要的指导意义。伟大抗疫精神是在抗击疫情的具体实践中涌现出来并得到弘扬培育的新时代的中国精神，是战“疫”取得胜利的精神支柱和精神动力。弘扬新时代的伟大抗疫精神，是决胜全面建成小康社会、建设社会主义现代化强国、实现中华民族伟大复兴的强大支撑。

请问：如何理解伟大抗疫精神正成为推动国家治理现代化的强大精神力量？

**思考题**

1. 什么是爱国主义？简述其科学内涵。
2. 新时期爱国主义有哪些主要内容？
3. 如何做一个坚定的爱国者？

# 第六章　创造有价值的人生

如果一个人只为自己劳动，他也许能够成为著名学者、大哲人、卓越诗人，然而他永远不能成为完美无瑕的伟大人物……如果我们选择了最能为人类福利而劳动的职业，那么，重担就不能把我们压倒，因为这是为大家而献身；那时我们所感到的就不是可怜的、有限的、自私的乐趣，我们的幸福将属于千百万人，我们的事业将默默地但是永恒发挥作用地存在下去，而面对我们的骨灰，高尚的人们将洒下热泪。

——[德]马克思

人生的价值在于奉献。

——张海迪

你若要喜爱自己的价值，你就得给世界创造价值 。

——[德]歌德

人的生命过程不同于其他动物的生命过程，它不仅是一个自然过程，还包含着极为丰富的社会内容，人不仅活着，还要生产、交往、创造，形成一定的人生价值目标，以一定的人生观指导自己的行为，赋予人生这样或那样的意义。

自古以来，对于人为什么而活着，生命的意义和价值是什么，人应该怎样评价和创造人生等人生价值问题，仁者见仁，智者见智。事实表明，弄清这些问题并在科学的意义上取得一致的看法，对于创造和实现人生价值是十分必要的，对大学生来说更是如此。

# 第一节 人生价值的一般问题

## 一、价值和人生价值

事物的有用性总是相对于特定主体的需要而言的，离开主体的需要也就无价值可言。矿石的价值是相对于冶炼工人的需要而言的，泥土的价值是相对于农民种植的需要而言的，诗歌的价值是相对于欣赏者的需要而言的。对农民来说，品位再高的矿石也是没有价值的；对冶炼工人来说，再肥沃的土壤也是没有价值的；同样，优美的诗歌也难以引起一个文盲的价值欣赏。

可见，价值不是实体概念，也不是物体属性概念。它反映的是一种关系，是事物的某些有用性与人的一定需要的关系。事物的有用性与人的需要相一致、相吻合，就产生价值；否则，就没有价值。孤立的事物无所谓有用性，仅仅有人的需要，也不会自行产生价值。

对价值本质的探究涉及主体与客体的关系问题。在一切由人与外部事物构成的关系中，人始终是主体，外部事物始终是客体。人在实践认识活动中居于支配地位，是实践认识活动的发起者、主动行动者和目标确定者；而客体在实践认识活动中总是处于被支配地位，是实践认识活动的受动者，是主体达到活动目标的对象。主体和客体作为相互联系、相互依赖的两个实体因素，共同构成实践和认识活动。价值也正是在主体和客体的相互关系中产生的，本质上是客体的功能属性满足主体需要的关系。

人生价值是从价值的一般含义中引申出来的。人生价值和价值，反映的都是一定的客体和主体之间的关系。不同的是，人生价值反映的不是物与人的关系，而是人与人之间的关系，是指作为客体的人对主体人的需要的满足。人在自己的活动中不仅要与物发生关系，还要与他人和社会发生交往和联系。这种人与人的关系是互为主客体的关系。当“我”

通过他人满足自己需要的时候，即“人人为我”的时候，“我”是主体，如“我”请售货员帮“我”挑选商品、让饭店的服务员为“我”端菜送饭、让旅社的服务员为“我”打扫房间的时候，“我”都是以主体的身份出现的，售货员、服务员在这里都是客体。而当“我”在进行工作或职业活动的时候，比如，当“我”作为清洁工清扫马路，作为工人操作机器，作为农民在田间耕作，作为教师备课、讲课，“我”也是客体，作为客体在为作为主体的社会和他人服务，即“我为人人”。人生价值在“人人为我”的情况下，指的是他人和社会对“我”的价值；而在“我为人人”的情况下，指的是“我”对他人和社会的价值。总之，人生价值是作为客体的人对作为主体的人的价值。概括地说，人生价值是指具有一定素质的作为客体的人，通过社会实践活动满足作为主体的人的需要的关系。通俗地说，人生价值就是人与人之间相互服务、相互满足需要的关系。由于常见的客体是个人，主体是自我、他人、集体和社会，因而，人生价值通常又是指个人满足自我、他人、集体和社会需要的性质与程度。

## 二、人生价值的类型

人生价值表现为多种形式，我们可以从不同的意义、不同的角度对人生价值进行分类。

人生价值从价值主体上划分，有社会价值和自我价值。社会价值是个人满足他人、集体和社会需要所实现的价值，这里的主体是他人、集体和社会。自我价值就是一定的客体满足自我需要所实现的价值，这里的主体是自我。从价值实现的程度上划分，有潜在的价值和现实的价值，或者称为内在价值和外在价值。潜在的价值是指具有价值实现的可能性但尚未实现的价值；现实的价值就是指已经实现了的价值。潜在价值既不同于现实价值，也不同于无价值。从价值实现的性质上划分，人生价值有真实和虚幻之别、正面和负面之分。

人生价值在内容上可划分为生命价值、功利价值、政治价值、道德价值、教育价值等价值类型。从内容上对人生价值进行划分，有助于我们认清人生价值领域内的一些复杂问题。

生命价值是人生价值结构中基础性的价值形态，指的是人的自然生命满足其人生发展需要的关系。它不仅与人的健康状况、寿命的长短有关，而且与人生发展的需要有关。如双目失明的人无法从事绘画、雕塑等造型艺术的创造和欣赏，双耳失聪的人无法欣赏美妙的音乐，身体患疾病或身体有残疾的人在生命价值的实现上会比身体健康的人遇到更多的困难。主体有人生发展的需要，生命才会有价值。生命是短暂的，即使身患重病、身有残疾，同样可以实现自己的生命价值。刘胡兰仅仅活到15岁，却“生的伟大，死的光荣”，实现了自己的生命价值，从而也就实现了人生价值。那些整日感到空虚无聊、无所事事的人，即便身体很健康，也体会不到生命的意义和价值。任何人生价值的创造和实现，都离不开生命的存在和生命的活动，因而生命价值是人生价值内容结构的基础。需要注意的是，由于自然生命的价值总是通过一定的社会活动来实现，所以严格地说，生命价值不是独立的人生价值的类型。这里把生命价值单独提出来，是为了强调它在人生价值中的基础地位，强调珍惜生命是创造人生价值的基本前提。

功利价值又可称为“效用价值”，是从人的利益需要和利益关系上来考察的人生价值的形态。功利或效用是相对于人的需要和利益而言的，能够满足人的需要和利益的就是有利的或有用的，否则，就是无利的或无用的，甚至是有害的。人的利益需要有着广义和狭义两种理解，广义的利益需要包括了人的物质与精神、眼前与长远、生存性与发展性等各种层次的利益需求。狭义的利益需要则主要指个人或群体物质的、眼前的、生存性的利益需求。功利或效用主要是指与狭义的利益需要相联系的，即对个人或群体物质的、眼前的（实实在在、看得见摸得着的）生存的利益需求的肯定或否定的关系。人生的活动不管其主观意愿如何，都必然会对自己、他人及所在的群体和社会的利益需求产生一定的或肯定或否定的影响，这一影响在人生价值评价上就表现为功利价值或效用价值。这一价值通常以有形的产品或服务的形式表现出来，具有直观性、现实性、可测定性等特点。

政治价值是指个体人生活动满足阶级、民族、政党、国家等政治团体和组织的利益需要的关系。政治价值带有鲜明的阶级性和民族特色。由于个人总是从属于某个阶级、民族和国家，因而政治关系就成为全部社会关系的重要方面，政治生活也就成为社会生活中不可缺少的一部分。可见，政治关系、政治生活都是客观存在的，每一个人的人生活动都具有一定的政治意义。少数青年学生企图脱离政治，或不问政治，这其实是不切实际的。当然，不同职业、身份、地位的人，其人生的政治价值是不同的。政治活动家、政党和国家的领导人，由于他们的特殊地位和职业活动的原因，他们人生活动的政治意义比其他人要更大一些，他们的人生价值也主要是通过政治价值来实现的。

道德价值是指个体的人生活动满足社会道德需要的关系。所谓道德需要，简言之，就是人与人、人与社会集体之间关系协调、和谐的需要，就是社会稳定、社会秩序和社会发展进步的需要。任何人在人生活动中总是要与他人、集体和社会发生一定的交往及联系，对他人、集体和社会的利益产生一定的影响，因而每个人的人生都具有一定的道德意义。由于道德多是在日常生活和具体的行为中表现出来的，因而道德价值也是人生价值中较普遍、较常见的价值形态，是实现人生价值的一条有效途径。道德价值一方面大量地体现在日常生活中，另一方面又在某些行为中得到集中体现，如见义勇为、舍己救人、大公无私、自我牺牲，等等。

教育价值是指个体的人生活动满足社会教育需要的关系。教育需要，通常是指提高人的素质、陶冶人的情操等的需要。教育价值主要体现在教育工作者、精神文化产品的生产者（作家、诗人、艺术家等）、大众传播媒介的工作者（广播、电视、出版等部门的工作人员）的人生活动中，这些领域的工作者的人生价值主要是通过教育价值来实现的。与此同时，由于每个人的活动都会对他人在思想、文化、审美等方面产生一定的影响，比如朋友间的思想交谈，同志间的相互鼓励、批评或帮助，师徒间的传、帮、带，同行间的讨论、切磋，甚至素不相识的偶遇者彼此之间的即兴交谈，都会给对方或双方以一定的启发、诱导等。这样看来，教育价值并不是与一般人无关，而是与人人都相关的。每个人都可以通过对他人施以一定的影响来实现自己的教育价值，从而丰富和充实自己的人生价值。

### 三、自我价值及其与社会价值的关系

自我价值是和社会价值相区别的一个概念，它反映的是一定的客体满足作为主体自我需要的一种关系。当客体为社会时，自我价值就是社会对个人的尊重和满足；当客体为自我时，自我价值就是个人对自我的尊重和满足。对人生来说，自我价值在很大程度上表现为个人对自我的尊重与满足。自己不尊重自己、自轻自贱、自我否定是丧失自我价值的表现。同样，如果自己的行为活动常常连自身的需要都得不到满足，那也很难说是有自我价值的。当词不达意、力不从心、事与愿违的时候，正是个体缺乏自我价值感受最深的时候。总之，从现实的意义上说，自我价值可以理解为自己尊重自己、自己满足自己的关系，自我价值的大小在这一意义上也就是尊重自我和实现自我的程度。

自我价值的存在和自我价值的意识对人生具有积极的意义。比如，它能够激发人的自我教育、自我修养的自觉性。自我尊重当然不是盲目的自尊自傲，如果不具备一定的知识、才能和道德素质，自我价值也是一句空话。无论是自尊心还是自我价值实现后的自豪感、成就感，都依赖于自己的品质和素质，都需要加强自我教育和自我修养。一个有着健康的自我价值意识的人，应该是严于律己、刻苦勤奋的人，它能够激发人的自信心和奋发进取的精神。自我价值意识对克服安于现状、不思进取，不求有功、但求无过的落后保守的精神具有积极的意义。自我价值之所以受到现代社会的重视，就是因为它应答了新时代对开拓进取、奋发有为型人格的呼唤。自我价值之所以引起青年学生特别是大学生的强烈关注，就是因为它满足了青年学生要求全面发展、迅速成才、展示个人才华的迫切愿望。许多青年学生在“一切向钱看”的思想冲击下，仍然能够站稳脚跟，矢志不移，坚持求学求知求上进，这与健康、强烈的自我价值意识有着密切的关系。

需要指出的是，如果对自我价值的理解有偏差，对自我价值和社会价值的关系处理不当，也可能引发个人主义、利己主义的人生价值观。在这个问题上，应当特别注意防止和纠正一些误解：

一是片面智能型的自我价值观。这种观点把自我价值简单地等同于个人的知识、水平、智力等功能型素质，忽视或否认道德品质或品德所具有的价值意义。品德作为对他人、集体、社会利益的一种态度倾向，属于人的目的性素质。前面讲到，自我价值反映的是作为客体的自我满足作为主体需要的一种关系，这也就是说，自我价值不仅与作为客体的自我的一些功能性素质有关，而且还与作为主体的自我需要的性质和层次有关，而品德作为目的性素质与自我需要的性质和层次密切相关。

同样是聪明的人，有的可以有所发明、有所创造，有的却可能精于算计、投机取巧，结果落得“聪明反被聪明误”。这种自我价值实现的巨大差异，原因不在于知识的多少、能力的高低、智力的强弱，而在于与品德相联系的自我需要的性质和层次的高低。所以，自我价值的实现和创造，不仅要注意培养才学智能，更要加强对思想道德品质的修养。品学兼优，德才兼备，不仅是社会价值实现的要求，也是自我价值实现的要求。

二是自私自利型的自我价值观。这种价值观把“自我”理解为自私，认为自我价值就是自私自利、个人主义，这其实是一种误解。自我价值是对自我需要或个人需要与利益的满足。在私有制彻底消灭之前，个人利益与他人和集体利益常常是发生矛盾的，但绝不总是对立的。特别是在我们的社会主义国家，个人利益与他人、集体乃至整个社会的利益在根本上是一致的。个人需要的满足、个人利益的实现，一般是可以与他人及社会的需要、利益的满足和实现统一起来的。商品流通中的等价交换、分配领域中的按劳分配、生产经营活动中的承包责任制等，都是这种利益一致性的生动体现。那种认为满足自我需要、实现自我价值，就一定是提倡或导致利己主义，无疑是对自我价值认识的一个误区。

三是孤立奋斗型的自我价值观。这种价值观把自我价值的实现看作是孤立的自我设计、自我奋斗的过程。持这种观点的人认为，既然自我价值就是个人对自我需要的满足，那么，实现自我价值就完全是个人的事。这种观点忘记了自我本身就不是孤立的，任何自我都是生活在一定时代、一定社会关系中的自我，超越一定时代和社会的抽象的自我并不存在。自我需要的满足一刻也离不开他人和社会。社会是一个有着复杂的分工和协作的有机体，每一个人都在其中扮演一定的角色。任何角色的存在和发挥作用，都是通过与其他各种角色的依赖和联系来实现的。当然，这并不是否认个人的努力和作为。问题在于，个人的努力和奋斗正是为了加强个人与社会的联系、密切与他人的协作，而不是把自己孤立起来，割裂与他人和社会的联系。

从以上的分析我们可以看出，必须完整准确地理解自我价值的概念。在内容结构上，要看到自我价值是品德和素质的统一；在价值目标上，要看到自我价值是个人利益需要与他人、社会利益需要的统一；在价值实现的手段上，自我价值是个人的主观努力与他人、集体、社会分工协作的统一。只有这样理解自我价值，才能形成健康的自我价值意识，才能充分发挥其积极作用，克服其消极的方面。

自我价值与社会价值既有区别，又相互联系。自我价值和社会价值在本质上是一致的，两者的关系主要表现在它们的联系和统一上，即主体与客体、权利与义务、索取与贡献、消费享受与劳动创造等方面的统一。我们从任何一个方面都能证明这种统一。这种统一告诉我们，个人的自我价值并不是抽象的，而是个人的现实的社会价值在个人身上的显现或表现。也就是说，个人的自我价值如何，实际上取决于他的社会价值如何。他表现出什么样的社会价值，也就有什么样的个人价值，这两者本质上是一回事。工人的自我价值在于为社会提供工业产品，农民的自我价值在于为社会提供农产品，科学家的自我价值是通过服务于社会和人类的发明和创造体现出来的。这些既是自我价值，也是社会价值。

自我价值与社会价值最根本的区别是产生和满足需要的主体不同。自我价值是通过满足自我需要而实现的，而社会价值则是通过满足他人、集体和社会的需要而实现的。需要的主体不同，造成了这两种人生价值一系列的差别。比如，由于个人需要的产生和满足都带有很大的主观性，因而自我价值的实现更多地与个人的体验和感受相联系。这种感受和体验究竟是积极的还是消极的，既与客体对人需要的满足程度有关，又与主体自身有着什么样的需要有关。这样，个人对自我价值的创造和感受就有了比较多的选择自由。这种自由常常可以弥补社会价值实现的不足所造成的缺憾。从社会价值的方面看，由于社会需要是客观的，因而社会价值的实现也就超越了个人的主观感受而必以一定的社会承认为标志，这就给人生价值的创造和评价提供了一个统一的、客观的依据和标准。

## 第二节　人生价值的选择和评价

### 一、人生价值选择的基本依据和原则

人生价值实现的程度也是主体选择的结果。选择是一个很宽泛的概念。主体对人生价值的设计、追求等，都是选择的具体表现。每一个意识正常、思维健全的人，都是自己人生之舟的舵手。人的一生是在不断地选择中度过的。

人的自由是建立在对必然性的认识和把握之上的。人生价值选择的必然性就是我们选择的基本依据。具体地说，这些依据主要有：

第一，时代要求。我们每一个人都生活在一定的时代，每一个时代都有其特定的时代主题、使命和特点。时代主题、使命等往往成为人生价值实现的客观条件——“时势造英雄”。顺应时代的要求，人生价值的追求和奋斗就会得到社会更多的鼓励和更加广泛的支持，所取得的成就也就更容易得到时代的肯定和积极评价。当然，时代要求通常表现为一个大的主题，它与社会多方面的需要是同时存在的。两者仅仅是需求程度上的差别，并没有本质上的不同。时代要求和通常意义上说的社会需要，都是人生价值选择的基本依据。两者不是排斥关系，而是价值实现程度上的互补关系。

第二，社会环境和条件。任何人总是生活在一定的社会环境和条件

之中的，一切人的活动都要依赖于这一环境和条件，人生价值的选择同样如此。环境和条件作为人生价值选择的依据，常常被人们混同。许多人往往在人生发展所依赖的条件的意义上来理解环境。一切环境、环境中的一切因素，对人生价值的实现都具有两重性（即积极性和消极性），因而一切环境和环境中的一切因素都具有资源的价值，都具有开发的意义。环境究竟是人生价值实现的有利条件还是制约因素，主要取决于主体的能动性。优越的环境可以为才能和技艺的发展提供资源，恶劣的环境则可以为锻炼意志和提高生存能力提供资源。

第三，个人素质和特点。人生价值选择的依据应该包括主体和客体两个方面的因素。上述环境和条件属于客体因素，个人素质和特点属于主体因素。个人的素质是不断发展的，但在一定时期内，却是一个相对稳定的存在，是一个既定的事实。人生价值的选择也要从这一客观事实出发，根据自身的特点进行。个人的素质和特点包括许多方面，作为选择的依据，对人生价值有着直接而重要影响的素质大体上有生理、心理、品行、才智等几个方面。这些素质的不同特点，影响着人生价值实现的途径、方式、性质和程度。选择就是要选择与自身素质和特点相适应的人生价值实现的途径和方式，从而在既定素质的范围内最大限度地创造和实现人生价值。

人生价值选择的基本原则，大体上可以从如下三方面来理解和把握：

一是最大化原则。这是人生价值选择的目的性原则。一切选择的最终目的都是为了价值实现的最大化。选择和不选择（顺其自然）的区别往往并不是有价值和无价值的区别，而是价值实现的大小和程度上的区别。所以，实际的选择是建立在价值比较的基础上的。人生中大量的选择也并不是在有价值和无价值、正面价值和负面价值之间的选择，而是在价值大小之间的选择。比如，上大学和不上大学、这个职业和那个职业、这种“活法”和那种“活法”的选择，都属于这一类的选择。在选择时，我们自觉不自觉地遵循着价值最大化的原则。没有这个原则，许多选择就会成为多余。

二是现实性或可行性原则。人生价值选择不是空谈，而是对两种或两种以上行为方案的取舍。思想可以自由驰骋，我们也鼓励和提倡思想解放、思维活跃、思路开阔，但行为必须规范，不能为所欲为。在对人的行为的诸多制约因素中，现实性或可行性是一个最起码的因素。我们在工作和生活中的许多行为方案就其主观愿望来说都是好的，但常常导致失败，其原因就是忽略了实施该方案的现实条件或可行性。不少青年学生是“思想的巨人、行动的矮子”。所以，强调人生价值选择的可行性有着很强的针对性和现实意义。

三是可持续性原则。人生价值的选择不是一次就可以完成的，而是一个不断选择的过程。我们的每一次选择不仅要考虑当时当地的具体情况，还要考虑当前这次选择对以后再选择的影响。从这个角度看，每一次选择都应该在总的人生价值目标和理想的指导下，为以后的选择创造条件、提供基础、拓展空间，从而使得每一次选择都成为人生选择链条中不可缺少的环节，使得不断选择的过程成为朝着人生理想目标不断实现的过程。所以，这里可持续性的含义是指，对人生的所有选择来说，要保持价值目标或方向的一致性、价值实现条件的增长性、价值实现过程的连续性、价值实现程度的渐进性。

## 二、人生价值的评价

人生价值评价，指评价者（评价主体）依据一定的人生价值观或价值标准，对个体的人生活动（评价对象）从整体上作出有无积极意义和意义大小的判断，并表明褒贬的态度。

人生价值评价是以对评价对象的一定认识为基础的，但评价活动不同于认识活动。认识是主体对客体（认识对象）的反映，作为认识主体的人，在认识过程中要力求排除主观意志、愿望、感情的干扰，以揭示认识对象的本来面目。而评价活动的主体不仅没有必要排除自己的意志和愿望，而且恰恰是从这一意志和愿望出发的。评价主体的需要和利益是评价的基本依据，评价活动突显了人的主体地位和自由。我们常说，认识世界的目的是为了改造世界，而评价就是由认识世界到改造世界的必要环节。评价使人明确了自己作为主体的目的和需要，使人了解了环境与人的需要之间的差距和矛盾，从而使我们明确了改造世界的方向和目标。

对人生的认识常常是为评价服务的，而人生的认识和评价都是为改造和发展人生服务的。其中，人生价值评价是一个重要环节。对个体人生价值的评价，使我们了解了社会对个人的要求，明确了个人人生发展的前景和方向。同时，评价活动本身也是对个人与社会关系的引导和调整。人生价值评价所形成的榜样的感召力、舆论的影响力、教育的引导力，推动、驱使着人们创造和实现人生的最大意义和价值。

人生价值评价的主体有个人、家庭、团体、阶级、民族、国家等不同的层次。日常的人生价值评价活动主要是由团体以上的主体承担的。评价主体的层次不同，评价的范围和影响程度、权威性、公认度也不同。评价主体的层次越高，表明评价对象的人生价值的公认度越大。巴金、曹禺分别是被中国人民所公认的伟大的文学家、剧作家；而莎士比亚、托尔斯泰则分别是被世界公认的伟大的文学家、剧作家。市级劳模、省级劳模、全国劳模，反映的既是评价主体的不同，也是评价的范围、影响程度、公认度、权威性的不同。

人生价值评价是对人生活动的评价，但一般不涉及某种具体活动，而是对一系列人生活动包括人的一生活动的总体评价。人生评价也是对人生活动意义的评价，但一般并不局限于某一方面的意义，如经济意义、政治意义、道德意义，而是对全部社会意义的评价。人生价值评价是对一个人，但一般并不涉及对一个人的生理特征和心理素质的评价，也不局限于对其知识、水平、能力的评价，而主要是对主体给社会带来的影响和作用的评价。

人生评价主要是围绕人生价值的内容结构展开的，如生命价值、劳动创造价值、政治价值、道德价值和教育价值等。个体只要在某一方面实现了价值，就应该得到肯定的评价。个体在某一方面创造的价值越大，得到的评价就应该越高。劳动模范之所以比普通劳动者得到更高的评价，就因为他们在劳动中创造的价值比普通劳动者要大。如果同时在两个甚至更多的方面实现了人生价值，那么在评价上也就会更高。如白求恩大夫不仅医术精湛，而且具有崇高的国际主义精神，不远万里来到中国，支援中国人民的正义战争。白求恩作为一名著名的外科医生不仅在职业生涯中实现了人生价值，而且他的一生还具有政治价值、道德价值和教育价值。因而，对他的评价自然就比对一位普通外科医生的评价要高得多。还有一些在各个方面都实现极大人生价值的人，我们称他们为伟人，如马克思、恩格斯、居里夫人、爱因斯坦等。伟人是人类的自豪和骄傲，但伟人毕竟只是少数人。对大多数人来说，只能是在某一方面或某些方面实现自己的人生价值，有时甚至为了在某一方面实现较大的人生价值，却会牺牲其他方面的价值。这种特定条件下的必要的牺牲应该说是值得的。舍身救人的英雄们虽然牺牲了他们的生命价值，却实现了崇高的道德和教育价值。他们的高尚行为证明了人与人关系美好的一面，用行动向我们昭示了社会道德的进步。张华救老农正是属于这一高尚行为，其道德和教育上的价值已经超越了年龄、知识等狭隘的功利价值的范围。如果把人生价值仅局限于功利价值，对人生价值的选择和评价仅仅建立在功利比较的基础上，其结果是可怕的。比如，在灾难险情面前，如果救助者在决定是否救援之前都要进行一番被救助者之间的年龄、知识、学历、地位等的比较，根本无法及时施救，人类也就不可能有遇难相助、见义勇为的高尚行为。

我们在进行人生评价时，不应该对被评价者求全责备。20世纪80年代，有人对关于张海迪的宣传和评价不以为然，认为张海迪不过是用自学的医疗知识治愈了几个病人，翻译了几本英文小说。确实，论医术和治愈的病人，张海迪可能比不上一个针灸专家；论英语水平和译著数量，张海迪可能比不上一个专业翻译家。但难能可贵的是，张海迪是在高位截瘫、全身三分之二失去感觉和功能的状况下，克服和战胜了许多常人难以想象的生理上和心理上的困难和痛苦才做到这一点的。这一顽强的毅力和可贵的精神所具有的价值不是普通的医生和翻译家所能达到的。正像一位生物系的大学生在听了张海迪的报告后所说的：“如果我们有海迪一半的动力和精力，我们之中很多人都能成为未来的达尔文、巴甫洛夫和巴斯德！”张海迪的人生价值不仅仅表现在劳动创造的价值上，更重要的是表现在生命价值、道德价值和教育价值上。

## 三、人生价值评价的标准

标准是衡量和评价事物的尺度或准绳。人生价值评价的标准就是对人生进行价值评价的尺度或准绳。

人生价值评价所依据的人生价值观和标准，历来都是具体的，而不是抽象的，不仅有个人的差异，还有时代和阶级的差异。雷锋做好事不留名，有人说他傻，给予否定评价；有人说他高尚，给予肯定评价，这是人生价值观的个人差异。在奴隶社会，奴隶终生被当作会说话的工具，可以任意被奴役、自由买卖，这在当时是天经地义的；而在废除奴隶制以后，这却是不允许的，这是人生价值观的时代差异。达赖喇嘛与新中国为敌，在中国人眼里，他是民族分裂主义者，被给予否定评价；而在西方某些国家，他却被当作和平使者，被给予肯定评价，这是人生价值观的民族、阶级、国家的差异。所以，如果看不到人生价值评价的标准是具体的，试图用抽象的标准来衡量和评价人生现象，难免会陷入困境。

在一定的社会里，人生价值评价的标准是一个体系，在这个体系当中，总有一种标准占主导地位，起支配作用。之所以如此，是因为人生评价的标准归根到底反映着一定社会统治阶级的根本利益与需要。在价值多元化的社会里，如果我们看不到主导性的价值评价标准，难免会陷入评价的困境。

在马克思看来，人生评价的标准应归结为个人对社会的贡献。人首先是作为消费者来到这个世界上的，在形成实际的劳动能力以前，人需要十几年的成长、学习、锻炼的时间。在这段时期内，人以索取为主。即使形成了实际的劳动能力以后，在劳动贡献的同时也还需要一定的索取，这些都是客观事实。但能否应将索取看作人生评价的标准呢？不能。这是因为，是否索取及索取的多和少，不是由个人的需要决定的，而是由个人对社会所作出的贡献决定的。一个人在接受教育期间，是一个名副其实的索取者，但这种索取是以潜在的人生价值和将来的贡献为预期性补偿的。一个人在从业期间也要索取，这种索取的多与少是以他为社会创造的财富即作出的贡献大小为标准的。一个人在丧失了劳动能力以后，其索取的多与少则继续以他过去的创造与贡献为标准。当然，对丧失劳动能力的人，社会应给予基本的生活保障，这是人道主义的要求，是出于对人的生命权利的尊重，但这是另一方面的问题。总之，个人对社会所作出的贡献应该成为我们评价其人生价值的基本标准。

## 第三节　人生价值的创造和实现

人生之所以有价值，是因为人能够自觉地、有意识地认识和改造客观世界与主观世界，创造物质财富和精神财富，通过创造性的社会实践把人生提升到一个更高的境界。

### 一、实现人生价值的基本途径——劳动与创造

劳动是人们使用劳动资料，改变劳动对象，使之成为适合自己需要的有目的的活动。劳动是人与动物相区别的主要标志，是人之所以为人的根本特征。劳动既是人的生存的基本条件和前提，也是人类最基本的生存方式和社会实践活动。

劳动这个概念本身是历史地发展着的。劳动最初最基本的含义是指体力劳动，即通过某些消耗体力的活动生产出一定的物质产品的活动。这是和生产活动相联系的、狭义的劳动。我们现在仍然经常在这一意义上使用这一概念，如讲知识分子与生产劳动相结合，大学生要热爱劳动、经常参加劳动等。随着生产力和科学技术的发展和进步，物质产品的生产不仅与体力劳动有关，还与和科学技术相联系的脑力劳动有关，与和生产效率相关联的管理活动有关。“随着劳动过程本身的协作性质的发展，生产劳动和它的承担者即生产工人的概念也就必然扩大。为了从事生产劳动，现在不一定亲自动手；只要成为总体工人的一个器官，完成他所属的某一种职能就够了。”①可见，从社会发展和概念本身来看，劳

①《马克思恩格斯全集》第23卷，人民出版社1972年版，第556页。

动也是不断丰富发展的。把劳动仅仅和产品或财富的创造联系起来还不够，应该从为社会提供某种必要的服务以满足社会成员正常和健康的需要这一含义上来理解劳动，把它和生产、服务、创造、贡献等相联系，从而和消费、索取等相区别。这样来理解劳动，劳动就成为人生价值实现的最基本的手段。每一个人都可以而且也只有通过劳动才能实现自己的人生价值。

创造也有广义和狭义之分。从广义方面看，一切劳动都是创造。从狭义方面看，创造是相对于一般意义上的劳动而言的。创造即创新，推陈出新，它是在劳动的过程中萌发和发展起来的。平时人们所说的创造多是狭义的。创造源于一般劳动，又优于一般劳动。由于它在更高层次上体现了人的自觉能动性和个体的多样性与丰富性，因而更能集中、鲜明地体现人性和人的本质。创造力是人类摆脱自然力束缚，从必然走向自由的主要手段。人类借助它不仅使自己摆脱了机械的条件反射，而且从习以为常的惯性过程中解放出来。不仅如此，创造活动还不断地开拓人的视野和活动的范围，因此不断地丰富人性并发展人自身。

创造是人的生命活动的本质。创造的形式是多种多样的。人类基本的物质资料生产，新的社会关系的创建，哲学、社会科学新的理论、学说的创立，科学家对自然奥秘的揭示，新机器的试制和完善，艺术家对审美的追求、对新的艺术风格的探索，体育运动员向新的纪录的冲刺，等等，都是人类的创造活动。劳动和创造相辅相成，共同展现了一幅绚丽多彩、雄伟壮观的人类社会生活画卷，不断将历史推向前进，使人类文明从一个高峰登上另一个新的高峰，使社会和人生不断出现更新的领域和更高的境界。

人类的劳动发展史是一个逐步由体力劳动向脑力劳动、由简单劳动向复杂劳动转化和提升的历史，这也就是劳动向创造转化和提升的历史，同时也是在劳动中渗透着越来越多的创造性因素和要求的历史。今天，我们已经很难把劳动和创造截然分开，劳动在越来越普遍的意义上成为创造性劳动，劳动的价值越来越体现为创造的价值。

劳动与创造作为人生价值实现基本途径的第一个要求就是知识的学

习，学习掌握知识和真理。古希腊先哲苏格拉底认为，人类的整个历史以及个人的生命活动过程应当是事实上也正是一个求知、求学的过程。人类社会的每一次进步、每一次创新，个体生命的每一次充实和完善，都是学习和应用知识的结果。求知求学是创造和实现人生的基础。人生有涯，学海无涯，一个人要成就事业、实现人生，就须通过学习而具备更多、更广、更全面、更实用的知识和学问。“君子曰：学不可以已。青，取之于蓝，而青于蓝；冰，水为之，而寒于水”（《荀子·劝学》）。这表明，学习不仅是不可完结的过程，而且是不断地变化着并且超越着前人的过程。

劳动与创造作为人生价值实现基本途径的第二个要求是实践。实践是把储存式学习变为创造性学习的关键环节。生活和生产的实践是一切真知的源泉，实际的应用是一切知识的目的，应用的成效是检验一切认识或知识的真理性和价值的标准。注重实践、面向实践、投身实践，在实践中学习和思考，才能把知识学活，才能使书本上的、他人的知识真正成为自己的知识。学校教育改革包括教学内容体系和教学方法的改革，正在朝着实践应用的方向逐步深入，书本知识脱离生活实际的状况正在逐步得以纠正。我们的学习要适应这一变化和发展趋势，自觉地加强实践意识，树立应用观念，把书本知识和生活实际、理论和实践更好地结合起来。当然，对实际或实践不能作狭隘的、短浅的、功利化的理解，不能把注重实际理解为实用主义的立竿见影，不能把理论和实践相结合理解为理论知识的世俗化、功利化。知识不仅是改造自然、生产和创造物质财富的力量，也是改造人自身，提升人的素质、修养、境界和价值的力量。

劳动与创造作为人生价值实现基本途径的第三个要求是耐心和恒心。知识的有用性表现在促进经济、社会和人的发展等各个方面。此外，无论是学习还是实践，都必然表现为逐步探索、逐步积累的过程。企图急功近利、一蹴而就，往往欲速而不达。所以，通过劳动和创造实现人生价值就需要有耐心和恒心。劳动和创造既需要经验和知识的积累，需要解放思想，培养创新意识，也需要脚踏实地、日积月累、持之以恒的态度和作风。现代生活的快节奏、开放社会的流变性、竞争时代的压力感，往往容易造成浮躁和焦虑的社会心理或社会情绪。这种心理或情绪的常见表现就是作表面文章、图虚名、追求轰动效应等短期行为。短期行为当然很难取得真正的成功，更谈不上真正实现人生的价值。

## 二、实现人生价值的基本条件——环境与素质

环境作为人类社会存在和发展的基本条件，包括自然环境、社会环境、人生环境。这里所说的环境主要是指人生环境。人生环境既包括自然环境，也包括社会环境，但人生环境与我们通常所说的环境，视角和立足点都有所不同。人生环境是狭义的，主要立足于个体人生的活动和发展；一般的环境是广义的，是立足于整个人类社会或群体的存在和发展的。

不同的人所处的社会、时代、环境是不同的，其对个人的影响也是不同的。但这一不同，并非由单一的环境因素决定的，而是环境与人共同作用的结果。我们都希望有一个良好的生活、学习、工作的环境，但在许多情况下，好环境是可遇而不可求的。一味地强调和依赖环境，放弃自身的主观努力，往往使我们失去许多发展和实现人生价值的机会。怎样才能发挥环境条件的最大效益，或者说最大限度地利用好环境条件呢？

第一，要全面地认识环境。任何环境作为一个客观现实的存在，对我们人生的发展和价值创造都具有积极与消极、有利与不利的两重性。全面地认识环境，就是要求我们在任何环境下，都既要看到环境积极、有利的一面，又要看到环境消极、不利的一面。每代人对时代的感受常常就反映了这种两重性。时代或环境客观上存在着进步和落后两个方面。如果仅仅看到时代落后的一面，我们就会觉得生不逢时，很可能是唉声叹气，抱怨终身；如果仅仅看到时代的进步和有利的一面，我们往往会盲目乐观，陶醉于优越生活，忘却我们的时代使命和责任。全面地认识环境，是我们正确对待和有效利用环境的前提。坚持全面认识环境，有利于克服对环境理解的片面性，使我们在顺境中警惕环境中消极因素的

存在，从而保持清醒的头脑；在逆境中看到积极因素，从而坚定对前途的希望和信心。当我们能够从环境中，特别恶劣的环境中发现有利于人生发展的积极因素，就能把对环境的依赖转变成对环境的真正利用。

第二，要辩证地评价环境。对环境的认识和评价本来是紧密相连的：评价总是以一定的认识为前提和基础，认识也往往渗透着并发展为评价。评价作为人对环境的一种态度，侧重于环境对人生发展的关系或影响。全面地认识环境，为我们辩证地评价环境创造了必要的条件，但仍然不能等同或替代对环境的辩证评价。在认识全面性要求上所说的积极与消极，是在一般的普遍意义上说的，作为对特定环境的评价则还需要作具体的分析。比如家庭的贫穷，从一般联系上说，它对人生发展和价值实现的影响是消极的。但贫穷同时还意味着对人的生存能力的锻炼，对人的意志力的考验，它能够激励人追求美好的生活，鞭策人为改变现状去奋斗和进取。从这个意义上说，贫穷也是积极因素。“穷人的孩子早当家”，“自古英雄多磨难，从来纨绔少伟男”，就是对贫穷积极意义的证明。所以，环境对人的影响不仅仅是由环境本身决定的，从根本上说，是由人对环境的理解和认识决定的，也就是由对环境的评价决定的。

第三，要积极地适应、选择和改造环境。人对环境的适应、选择和改造反映的是人对环境主体能动性的三种表现。能够适应环境是人生发展和价值创造的基本要求。但适应有两种：一种是积极的适应，一种是消极的适应。两者的区别在于，积极的适应能够利用环境条件来为实现自己既定的人生目的、理想、价值服务；消极的适应是放弃了自己的人生追求而随波逐流或随遇而安。只有积极的适应才是人生价值创造的要求。人除了适应环境外还可以选择环境，这一选择表现为多种形式，比如，有对恶劣环境的逃避式选择、对新奇环境的尝试性选择、对更佳环境的上升性选择、对特殊环境的挑战性选择，等等。不论哪一种选择，只要是为着发展人生，只要有利于人生的价值创造，都是必要的、有意义的。今天的时代，社会的开放度、个人行为的自由度都大大提高，我们对环境选择的机会也大大增加了。除了对环境的适应和选择以外，我们还可以改造环境。对个人来说，改造环境的能力是有限的，人对环境的改造主要是在人的社会联系和合作中，通过劳动实践实现的。但这并不是说，个人除了适应和选择环境以外就无所作为。个人对环境的改造当然主要不是指改变环境的自然面貌，而是指改善自己生活和工作的条件，协调和改善人际关系，使生活、工作、人际环境朝着有利于人生发展和价值实现的方向改变。对环境的改造是人对环境主体能动性的最高表现。人对环境的改造能力既是人生发展的结果，也是人生发展和价值实现的集中体现。

人生价值的实现不仅与环境有关，还与作为人生主体的个人的素质有关。人的素质包含着丰富的内容。按通常的理解，一是智能素质，即人的智力和能力素质。智力反映的是人的思维品质，包括观察力、记忆力、想象力、推理和判断的能力，等等。能力反映的是人的行为特征，包括语言表达能力、人际交往和协调能力、对环境的适应能力、操作能力等。智能素质对人生价值的创造和实现的意义，在于它影响着人生活动的自觉性和有效性。二是情意素质，这是情感和意志的总称。情感是人对事物或愉悦或厌恶的心理体验。情感与人的认识和行为有密切的联系。积极愉悦的情感体验，如热情和激情，可以极大地提高认识和实践活动的效率。意志是在克服困难中表现出来的行为的稳定性和坚持性方面的心理特征。情意素质对人生价值实现的影响主要表现在为主体提供稳定、持久的动力。三是道德素质，即在处理与他人、集体和社会的利益关系问题时所采取的价值态度和行为倾向。道德素质对创造和实现人生价值的影响，主要是通过行为活动的目的和意义体现出来的。

上述三种素质对人生价值的实现都具有独特的作用，同时又是相互影响、渗透、转化的。缺乏道德素质，在单靠智能和情意因素的作用下，人有可能发展成为一个野心家；缺乏意志力量，单靠智能和道德的作用，人有可能成为一个多愁善感、优柔寡断、毫无作为的人；缺乏智能素质，单靠意志和道德的作用，人有可能成为一个刻板、鲁莽的人，可能会出现好心办坏事的情况。可见，这三种素质在创造和实现人生价值的活动中都是不可缺少的。从它们的内在联系说，每一种素质作用的增强，对其他两种素质都会产生积极的影响。从意志素质对智能素质的影响看，注意力的集中是学习的先决条件，刻苦的人更能获取知识、发展智慧。从智能素质对意志素质的影响看，由于智慧可以使人对自己行为的目的和手段考虑得更成熟，因而智慧有利于促进意志的坚定性；同时，有智慧的人还更易对自己的意志品质进行有目的的训练，也更善于采用各种训练方法。从智慧对道德的影响看，道德行为的一个主要前提就是要明辨是非善恶，有智慧的人面临复杂的道德两难困境时，更容易作出明智的选择。从道德对智慧的影响看，一个人在襟怀坦荡时更具有认识事物的洞察力。从道德素质对意志的影响看，“无私更能无畏”“至诚者，真正的勇士”等类似的表达，都能说明问题。

### 三、把握创造和实现人生价值的境遇和机遇

境遇是人生环境在特定主体、特定时空条件下的具体化，是个人所处的、直接面临的具体的人生境况。境遇是具体的、现实的，又带有一定的暂时性和偶然性。因为是具体的、现实的，所以它对人生价值的实现和创造具有直接的影响，不能不引起我们的高度重视。事实上，人生环境都是通过一个个具体的境遇而展现在我们面前的。离开了境遇，环境就成了虚无缥缈的抽象之物。

从对人生发展和价值实现影响的性质上看，境遇可分为两种——顺境与逆境。顺境与逆境是人生旅途中常常碰到的两种在相对的意义上较为典型的境遇。

所谓顺境，是指在实现和创造人生价值的过程中有利因素多于不利因素的客观条件和境况。顺境对人生发展提供的有利条件较多，环境优越，办事顺利，心情愉快，事半功倍，这是顺境的优势，人人都希望常处于顺境之中。顺境对人生的影响有两重性，其消极的一面也是值得我们警觉的。比如，顺境容易使人滋生优越感，养尊处优，安于现状，无所作为。顺境还容易使人产生自满情绪，不知艰难，对一切事物理想化、简单化，一旦遇到障碍，往往因缺乏思想准备和锻炼而表现为手足无措、悲观失望，甚至会一蹶不振。所以，要珍惜顺境，身处顺境之中要谨慎，既要充分利用顺境创造人生价值，又要保持清醒的头脑，随时准备应对

环境的变化，锻炼对各种环境特别是逆境的适应能力。

所谓逆境，是指在实现和创造人生价值的过程中不利因素多于有利因素的客观条件和境况。一般来说，逆境对人生发展是不利的，它容易使人丧失前进的信心和克服困难的勇气。但逆境对人生的影响同样具有两重性。正如法国作家巴尔扎克所说："世界上的事情永远不是绝对的，结果完全因人而异。苦难对于天才是一块垫脚石……对能干的人是一笔财富，对弱者是一个万丈深渊。"也有人说，逆境对弱者是阻挡前进的大山，对强者却是登上顶峰的阶梯。逆境对人生的积极作用主要表现在，它能够振奋人的精神，锻炼人的意志，能使压力变为动力，作出一番成就。正如英国科学家贝弗里奇所说，人的最出色的工作往往是在处于逆境的情况下作出的，思想上的压力，甚至肉体上的痛苦都可能成为精神上的兴奋剂。

顺境和逆境既以其客观的规定性而相互区别、相互对立，又以其内在的统一性而相互联系、相互转化，而相互转化的重要原因和条件是主体的人生态度和精神状态。只有珍惜顺境、挑战逆境，既是智者、又是强者的人，才能顺势而上、逆流而行，在实现和创造人生价值的征途上到达理想的巅峰。

机遇是可能使人生发生积极的转折性变化和跃进式发展的机会或际遇。相对于境遇而言，机遇的暂时性和偶然性的特点更为突出。机遇和顺境既相似，又相异。相似的是顺境和机遇对人生价值的实现和创造都具有积极的意义，都是我们所期盼获得的有利条件。相异的是，顺境是指相对稳定的一个时段，机遇则是一个时点。机遇往往与我们擦肩而过，转瞬即逝。顺境对人生的影响具有两重性，而机遇通常只具有积极的意义。错过机遇也不过是失去一个机会，虽然值得惋惜，但一般不会直接造成消极的破坏性影响。机遇的这些特点使得人人都渴望获得机遇，把握机遇，希望能借助机遇实现人生的迅速发展。

有人说，机遇是偶然的，可遇而不可求。从一个个具体的机遇来说，似乎如此。对发现电磁感应的法拉第来说，如果没有听到英国皇家学会会长戴维的那一次演讲，没有后来戴维的推荐，法拉第就不会有机会到皇家学会学习，不会成为戴维的助手，很可能就不会有他的这一发现。对我国著名体操王子李宁来说，如果没有教练在一次乘车途中对他的偶然发现，就不会有他后来的运动员生涯和在国际体操领域的辉煌成就。但法拉第之所以成为电磁感应的奠基人，又不仅仅是戴维的一次推荐，更重要的是他与戴维的主动联系，与他在此以前打下的很好的电磁物理学的基础，认真学习和刻苦钻研是密切相关的。李宁之所以成为著名体操运动员，也不仅仅是教练的发现和训练指导，更重要的是他良好的身体素质和勤学苦练的精神。生物学家巴斯德说，机遇只偏爱那种有准备的头脑，讲的就是这个道理。机遇从本质上看，不是坐在那里等来的，也不是东游西逛撞上的，它实际上是对精心准备的人的一种报偿。这种报偿的时间、地点、方式是偶然的，但报偿与准备之间的联系却是必然的。准备得越充分，机遇就越多，而每一次机遇的充分利用又是在做更高层次的准备，从而为获得更多的机遇创造条件。这样的人，就会跑在准备与机遇良性循环的快车道上。人与人之间为什么在人生发展上越到后期差距越大，就是在这种由准备与机遇良性循环所形成的发展的加速度上存在差别。所以，不要漠视和放弃任何一次机遇，每一次机遇都为后来的人生发展创造更广阔的空间。因此，也可以说，抓住一次机遇，就意味着抓住了无数次机遇；而放弃一次，失去的也往往不仅仅是这一个机遇。这里的差别不在于机遇是否公平，而在于自身是否努力。

任何时代和社会对个体人生的发展都是挑战和机遇并存，至于是挑战多些还是机遇多些，既与时代和社会的特点有关，更与我们自己如何认识和把握时代和社会有关。我国正处在社会大变革、大发展的历史新时期。社会的急剧变化，对我们的人生发展提出了许多挑战，对大学生来说，升学、就业等面临着更为激烈的竞争。但变革的时代也同样给我们提供了许多新的机遇，如人生选择的自主性、自由度大大增强，人生发展的空间和舞台更为开阔，青年求新、求变的性格得到社会更多的认可和赞同，等等。只要我们树立起振兴中华的伟大理想和创造人类美好未来的坚定信念，我们就能够更清楚地认识时代和社会提出的历史使命，很好地把握大变革、大发展的时代提供的历史机遇，从而最大限度地创造和实现我们的人生价值。

## 实例研讨

"三清博士"——本科、硕士、博士都在清华大学就读的高才生，堪称"博士中的战斗机"，有了这顶"帽子"，很多"高大上"的工作都会抛来橄榄枝。但今年32岁的谢邦鹏却"不走寻常路"——在众多就业机会中，他最终选择到国网上海浦东供电公司当了一名一线工人。

工作很苦很累，生活趋于平淡，他却不曾后悔，只为追求自己的梦想。他坚信自己的理论知识与火热的一线工作一定能碰撞出智慧的"火花"。果然，3年内"三清博士"谢邦鹏就率领团队申请了27项发明创新专利。一时间又有很多工作岗位来找他，他依旧不为所动。面对社会上各种"唯高薪论"，谢邦鹏有自己的坚持，"从赚钱来说，我的工作性价比不算很高，但每个人有每个人的路，除了物质，个人的成长和进步更让我得到满足。"他的坚守和努力，结出了累累硕果。2014年11月，他被中央文明办授予"敬业奉献好人"称号。他说，没有想到，这么快就在自己理想的天空划出一道亮丽的彩虹。

请问：从人生价值实现的角度，"三清博士"的事迹对你有什么启示呢？

**思考题**

1. 什么是人生价值？人生价值主要有哪些类型？
2. 如何理解自我价值？
3. 你认为人生价值的选择应遵循哪些原则？
4. 你认为影响人生价值创造和实现的最主要因素是什么？

# 第七章　树立正确的人生目的和态度

人生的目的，在发展自己的生命，可是也有为发展生命必须牺牲生命的时候。因为平凡的发展，有时不如壮烈的牺牲足以延长生命的音响和光华。绝美的风景，多在奇险的山川。绝壮的音乐，多是悲凉的韵调。高尚的生活，常在壮烈的牺牲中。

——李大钊

人生的道路虽然漫长，但紧要处常常只有几步，特别是当人年轻的时候。没有一个人的生活道路是笔直的，没有岔道的。有些岔道口，譬如政治上的岔道口、事业上的岔道口、个人生活上的岔道口，你走错一步，可以影响人生的一个时期，也可以影响一生。

——柳青

愿中国青年都摆脱冷气，只是向上走，不必听自暴自弃之流的话。能做事的做事，能发声的发声。有一分热，发一分光。就如萤火一般，也可以在黑暗里发一点光，不必等候炬火。

——鲁迅

人生不如意之事，十之八九。面对崎岖不平的人生道路，正确的人生目的会使人迎难而上、积极进取，错误的人生目的则会使人悲观消沉、放纵人生，甚至厌世轻生。古往今来，许多事业有成者都是在正确的人生目的支配下，以乐观积极的人生态度对待人生中的坎坷。

有人说，人生如梦，无数人被命运这只无形的手掌握着，在一个既定的轨道上漫无目的地行走，他们不知道从哪里来，也不知道要往哪里去。也许，这样的描述对于象牙塔中部分大学生来说并不为过。人生总得作出自己的选择。是做一天和尚撞一天钟，遭受四年后毕业即失业的局面，还是勇敢地扼住命运的喉咙，为未来的成功积极准备和积累？这两种不同的选择，从两个方面体现了人生目的对人生态度、人生意义的决定作用，即目标决定态度，态度决定成败。

## 第一节　正确认识人的本质

什么是人生？人为什么活着？人应该怎样活着？几乎每个人都思考过这些问题。然而，不同的人对人生却有不同的理解，对人生理解的差异，不但表明了对人生的不同判定和思考，而且决定了不同的人生诉求和人生轨迹。因此，积极地思考人生，正确地理解人生，才能幸福、成功地度过一生。正确地理解人生，关键在于在正确的理论立场上思考人生。马克思主义关于人的本质的学说，正是我们思考人生问题的正确的理论立场和理论依据。

### 一、关于“人是什么”的思考

对人的认识和思考，应该由这样两个方面的问题所构成：一是从人的历史和现实存在的实然意义上回答人实际上是什么；二是从人未来发展的应然意义上回答人可能会怎样、应该怎样。这两个问题是紧密联系的。

对一事物的认识离不开将该事物与相关事物的比较。与人最直接相关的事物主要有两个：一是动物，二是神。虽然从无神论的眼光看，神作为一个物质实体是不存在的，但神的观念却长期存在于人们的思想意识中。在人类早期，人们对自然和人缺乏科学的认识，只能作原始宗教式的解释。人与动物和神灵比较，一般认为有三个方面的基本属性：一是自然属性，就是食欲、性欲等生理本能；二是社会属性，即在社会交往和社会关系中形成的归属感、荣誉感、责任感、使命感等；三是思维属性，即在人的认识和审美活动中形成的求知欲，归纳、判断、推理的思维力和审美能力等。对人的本质属性的这三个方面的概括，是从被马克思称为“古代最伟大的思想家”亚里士多德开始的。亚里士多德给人下了一个定义：人是两足的、理性的、政治的和社会的动物。这实际上是从自然、社会、精神三个方面回答了“什么是人”的问题。这一思维方式为后人认识和研究人性与人的本质提供了基本的模式。直到今天，许多学者还是从这三个基本方面来研究和探讨人的。

自然属性是人与动物所共有的，反映了人与自然的联系。决定人的本质的应是人的社会属性和思维属性，而不是自然属性。中国古代思想家荀子就是这一观点的代表。荀子认为：“水火有气而无生，草木有生而无知，禽兽有知而无义，人有气有生有知亦且有义，故最为天下贵也。力不若牛，走不若马，而牛马为用，何也？曰：人能群，彼不能群也。人何以能群？曰：分。分何以能行？曰：义”（《荀子·王制》）。他还说：“人之所以为人者，非特以二足而无毛也，以其有辨也。夫禽兽有父子而无父子之亲，有牝牡而无男女之别。故人道莫不有辨”（《荀子·非相》）。荀子在这里所说的“群、分、义、辨”等，都是人所特有的相对于动物而言的社会属性。

人的这三个方面的属性，统一在人的生产、生活的实践中。如人的饮食和动物不同，不仅有着“色、香、味”和营养、卫生等要求，而且有着交流、交往、合作等丰富的社会内容。性欲也不仅仅是出自本能，而是生殖或繁衍后代的需要，并且包含着交换、联合、审美等精神生活的需要。纯粹动物式的，丝毫没有社会和精神生活内容的食欲和性欲在人类生活中几乎是不存在的。社会性、精神和意识现象通常被认为是人性的内容，而自然本能则被认为是动物的属性。人是特殊的动物，其特殊性就在于人的社会属性和思维属性。当然，从与神的比较来看，人的自然属性又恰恰是人和神相区别之处。在与神性和兽性相比较的参照系中，人是处于神灵和禽兽之间的存在物。

“人会是什么”是一个比“人是什么”更为重要的问题，因为这直接关系到社会和人生发展的方向，决定着我们对社会和人生发展的设计、选择和评价。人类在现代文明中所遇到的诸如环境污染、生态平衡的破坏、科技与伦理的冲突、恐怖主义、霸权主义、物欲主义等问题，事实上正是对“人会是什么”这一严肃的理论问题的现实反映。正是在这个问题上，马克思作出了巨大的贡献。

## 二、马克思主义人的本质观

马克思主义的创始人和经典作家，对人性和人的本质问题的研究始终是与人的未来发展联系在一起的。人们对马克思关于人的本质的某些观点和命题，如“人的本质是社会关系的总和”等已经耳熟能详，在言谈论述中频繁使用，但仅仅如此是不够的。马克思关于人的本质问题的学说可以概括地表述为：人在自身需要的推动下，通过在一定社会交往和关系中的生产劳动，逐步形成、发展自身的自由自觉性。在马克思看来，需要是生产发展和人自身发展的一个内在动力。“劳动过程……是制造使用价值的有目的的活动，是为了人类的需要而占有自然物。”[①]生产劳动从一开始就不是孤立的个人的活动。从人类最早的劳动——原始人的采集和狩猎开始，就离不开一定的分工和协作。马克思指出：“在人类文化初期，在狩猎民族中，或者是印度公社的农业中，我们所看到的那种在劳动过程中占统治地位的协作，一方面以生产条件的公有制为基础，另一方面，正象单个蜜蜂离不开蜂房一样，以个人尚未脱离氏族或公社的脐带这一事实为基础。”[②]就是说，一切劳动在本质上都是社会劳动。而人的语言、思想、意识等思维活动则是在劳动过程中出于交流和协作的需要逐步发展起来的。人的意识一旦形成，就大大推动了人的劳动与动物本能活动的分离，使劳动成为有着明确的分工协作和目的追求的自由自觉的活动。“蜘蛛的活动与织工的活动相似，蜜蜂建筑蜂房的本领使人间的许多建筑师感到惭愧。但是，最蹩脚的建筑师从一开始就比最灵巧的蜜蜂高明的地方，是他在用蜂蜡建筑蜂房以前，已经在自己的头脑中把它建成了。”[③]“有意识的生命活动把人同动物的生命活动直接区别

①《马克思恩格斯全集》第23卷，人民出版社1972年版，第208页。

②《马克思恩格斯全集》第23卷，人民出版社1972年版，第371页。

③《马克思恩格斯全集》第23卷，人民出版社1972年版，第202页。

开来。”[①]

马克思主义人的本质观在认识人的思想史上实现了伟大的革命性变革，也为现实个人的人生实践提供了理论指导。

第一，马克思把对人的本质的理解建立在人的生产劳动的实践基础上，把人看作是通过实践活动自己创造自己的过程，从而走出了以往的思想家们对人性和人的本质凭借种种预设和猜测，也驱散了从人的外部力量（如自然或超自然的神）来解释人的历史迷雾。“在社会主义的人看来，整个所谓世界历史不外是人通过人的劳动而诞生的过程，是自然界对人说来的生成过程，所以，关于他通过自身而诞生、关于他的产生过程，他有直观的、无可辩驳的证明。”[②]“人是唯一能够由于劳动而摆脱纯粹的动物状态的动物——他的正常状态是和他的意识相适应的而且是要由他自己创造出来的。”[③]马克思主义关于“劳动创造了人自己”的观点为人生的主体性思想和实践观念的确立奠定了思想和理论基础。

第二，马克思没有像其他思想家那样把人的本质归结为“善”“恶”“情欲”“理性”等既定的一成不变的东西，而是以开放的心态和发展的眼光赋予人的未来发展以无限的可能性。马克思认为，需要是一切人生活动的内在动因，而人的需要是多样的，并且是随生产和历史的发展一同发展的。现实世界中，个人有许多需要。人以其需要的无限性和广泛性区别于其他一切动物。恩格斯也从自由的角度指出了人的发展的这一趋势。“最初的、从动物界分离出来的人，在一切本质方面是和动物本身一样不自由的；但是文化上的每一个进步，都是迈向自由的一步。”[④]马克思关于人的需要的多样性和发展的无限性的思想，为人生活动方式、个性的多样性以及人生发展的无限可能性和丰富性提供了本体论依据。

第三，马克思把建立在生产劳动基础上的社会交往和社会关系看作是人的本质形成和发展的重要途径和条件，并且把这一条件理解为构成

---

①《马克思恩格斯选集》第1卷，人民出版社1995年版，第46页。

②《马克思恩格斯全集》第42卷，人民出版社1979年版，第131页。

③《马克思恩格斯全集》第20卷，人民出版社1971年版，第535—536页。

④《马克思恩格斯选集》第3卷，人民出版社1995年版，第456页。

人的本质的基本要素。其实，一般地肯定人与人之间的社会交往和联系，并不是马克思的独创。在马克思之前和与马克思同时代的如孔德、斯宾塞、黑格尔、费尔巴哈等人那里，都有十分丰富且深刻的关于人的社会性的思想。马克思的高明和超越之处在于把他们对人的社会交往的表面观察和社会联系的天才猜测，奠定在生产劳动的物质基础上，并且把人的社会交往和关系看作是一个历史过程。就是说，在不同的社会历史阶段和条件下，人们的社会交往和关系必然要打上历史的印记。在阶级社会中，必然会打上阶级的印记。马克思的社会历史观打破了以往的哲学家和社会学家们关于人的本质的超阶级、超历史的神话。马克思在人的本质问题上的历史和阶级的分析方法是指导我们分析和评价人生问题的科学指南。

第四，马克思明确地指出了人的发展的未来价值方向和目标，这就是人的个性的自由而全面的发展。这是马克思在思想史上对人的本质问题的一个重要贡献。以往的思想家们更多关注的是“人是什么”，却很少回答“人会是什么”，马克思对此作出了自己的明确回答。“代替那存在着阶级和阶级对立的资产阶级旧社会的，将是这样一个联合体，在那里，每个人的自由发展是一切人的自由发展的条件。”①在未来共产主义社会，“人终于成为自己的社会结合的主人，从而也就成为自然界的主人，成为自身的主人——自由的人。”②“我们的目的是要建立社会主义制度，这种制度将给所有的人提供健康而有益的工作，给所有的人提供充裕的物质生活和闲暇时间，给所有的人提供真正的充分的自由。”③

需要注意的是，马克思所说的自由，有这样几个基本内涵和规定性。其一，自由不是人的主观愿望和意志力量，而是对必然的认识，因而是历史发展的产物。“自由是对必然的认识”，“自由就在于根据对自然界的必然性的认识来支配我们自己和外部自然；因此它必然是历史发展的产

①《马克思恩格斯选集》第1卷，人民出版社1995年版，第294页。
②《马克思恩格斯选集》第3卷，人民出版社1995年版，第760页。
③《马克思恩格斯全集》第21卷，人民出版社1965年版，第570页。

物。”[①]其二，马克思所说的自由不是单个人或少数人的自由，而是所有人的自由。这正是共产主义社会的自由与一切阶级社会自由的一个本质区别。对此，马克思说得很明确：“没有一个人反对自由，如果有的话，最多也只是反对别人的自由。可见各种自由向来是存在的，不过有时表现为特权，有时表现为普遍权利而已。”[②]正因为是所有人的自由，所以“自由就是从事一切对别人没有害处的活动的权利”[③]。个人的自由不仅是和他人的自由及集体的自由是一致的，而且后者是前者实现的手段。“只有在共同体中，个人才能获得全面发展其才能的手段，也就是说，只有在共同体中才可能有个人自由。”[④]其三，从个人的角度看，自由是和发展的全面性相联系的。正像社会自由的实现表现为一个历史过程一样，个人自由的实现也表现为发展的过程。个人自由实现的程度与水平和自身素质发展的全面性是同步的。个人素质每提升和发展一步，就向自由迈进一步。除了社会的因素以外，对个人素质而言，“不知”“不会”“不能”是自由实现的最大障碍。所以，马克思总是把个性的自由和发展相提并论。

### 三、关于人的本性是否自私的问题

人的本性是否自私的问题，这是不同的人性和人的本质观在人生观、道德观和价值观上争论的焦点。马克思主义在这个问题上的观点和立场是明确的：人的本性不是自私的。

首先，应准确地理解“本性”和“自私”这两个基本概念。本性，顾名思义，是指本然之性，是与生俱来的属性或特征，实际上就是人的本能。自私，是一种道德品质及评价。其基本含义是指，在追求个人利益的过程中，不顾及甚至不惜损害他人或公共利益的思想和行为及对这一思想和行为的道德评价。

---

①《马克思恩格斯选集》第3卷，人民出版社1995年版，第455—456页。

②《马克思恩格斯全集》第1卷，人民出版社1956年版，第63页。

③《马克思恩格斯全集》第1卷，人民出版社1956年版，第438页。

④《马克思恩格斯选集》第1卷，人民出版社1995年版，第119页。

其次，道德作为一种社会意识形式，是对社会存在的反映。个人的道德觉悟和境界，是在长期的社会生活中，通过环境、教育、经历和阅历以及个人修养等综合因素作用的结果。也就是说，个人的道德品质不是先天的，而是后天的。对刚刚出生的婴儿，我们无法进行善恶、公私等道德品质的评价。对本性作自私的评价，不符合道德品质形成和发展的事实。

再次，能不能说本能是自私的呢？不能。在动物和人的本能中，存在着“自利”和“自保”的倾向，如“护食”“争食”的本能。这是动物在长期的进化中所形成的基本的个体生存能力。这一本能不能和自私混为一谈。自私作为道德品质是思想和行为、动机和效果的统一。就是说，自私不仅表现为漠视或损害他人利益的行为，还表现为有自觉意识的参与，存在着损人的动机，是有意或故意而为。既然生活中我们并不把那些无意或过失伤害他人的行为评价为自私，即所谓“不知不为过”，那么我们有什么理由硬要把无意识的本能评价为自私呢？更何况，即便在动物的本能中，除了有“自利”“自保”的倾向外，还同时存在着“自我牺牲”的倾向。美国哈佛大学教授威尔逊在《新的综合——社会生物学》中列举了许多动物利他主义的例子。通常兵蚁对刺激的反应比其他成员要慢一些，但是一旦兵蚁开始反应，就会把自己置身于最大的危险之中。例如，当蚁房壁被打破时，工蚁纷纷逃到深处藏起来，而兵蚁则争先恐后地涌出来，在破口处转来转去，作出侵略性的姿态。社会性蜜蜂和黄蜂可以为轻微的挑衅而献出生命。在社会性昆虫中，报警是一种直接的利他主义行为。在许多物种里面报警都与自杀性攻击行为密切联系在一起。即使昆虫在飞行逃跑中释放警告激素或发出警告声，也会把入侵者引向自己。在动物中，为了其他个体的生殖而减少自己生殖的现象是广泛存在的。“本性自私论”中有一个论据称为“基因自私论”，现代社会生物学的研究成果已经驳斥了这一论据。

最后，从人类历史发展上看，自私的观念并不是从来就有的，而是随着私有制的出现而出现的。研究资料表明，在私有制产生以前的原始社会，人们并没有自私甚至财产的观念。摩尔根在《古代社会》中阐述了财产和贪欲观念从无到有的形成过程。“蒙昧人的财产是微不足道的。他们对于财产的价值、财产的欲望、财产的继承等方面的观念很淡薄……财产的占有欲尚未在他们的头脑中形成，因为几乎不存在财产。这种欲望直到相隔遥远的文明社会才发展为生气勃勃的‘贪欲’。”①据此，我们也有理由相信，在未来的共产主义社会，随着私有制的消灭，自私的思想观念也会逐步趋向消亡。

## 第二节　人生目的及其选择

目的性是人类特有的现象，是人的主观能动性在行为指向和行为结果上的反映。一个思维正常的人，每天都在从事着一系列有目的性的活动，而在这些日常的具体目的性活动的背后，又往往存在着一个支配一生的总的根本性的目的，这种对具体行为目的起着指导和支配作用的总的目的，就是人生目的。

### 一、人生目的及其意义

人生目的是主体在一定人生价值观的影响下形成的，用来指导全部人生行为活动的努力方向和人生奋斗的过程与结果。它是全部生命活动所遵循的宗旨，也是整个生活历程所欲达到的最终目标。

人生目的作为人的一种思想和观念，除了具有相对于客观事物而言的主观性、自觉性和相对于外在行为的内隐性等一般特征以外，还具有不同于具体行为目的的一些特征：

一是形成过程的长期性。人的行为的目的性经历了一个由自发到自觉的逐步形成和发展的过程。人的行为最早是受本能支配的，当人对本能有了自觉的意识，并将这一意识用到行为和选择中去的时候，真正属于人的目的性的行为就开始了。然而由于受到认识能力和意识水平的限

① [美]路易斯·亨利·摩尔根：《古代社会》，杨东莼、马雍等译，商务印书馆1997年版，第535页。

制，人的行为的目的性最初只能指向与本能需要直接联系的有限范围。随着生活内容的逐渐丰富和实践范围的扩大，伴随着认识能力和意识水平的提高，人的行为的目的性逐步由自然需要向社会需要、由眼前需要向长远需要、由物质需要向精神需要延伸。这一过程同时也表现为人的行为逐步地由追求具体目的向人生目的的方向发展和延伸。

二是价值指向的稳定性。人生目的的形成有一个由自发到自觉、由模糊到清晰、由动摇到坚定的过程。虽然不能说人生的目的不会改变，但相对于具体行为的目的，人生目的时常表现出相对的稳定性。其所以具有相对稳定性，一是因为人生目的经历了一个较长的形成过程，在这一过程中，积淀了许多认识成果和情感体验。人生目的既然不是一朝一夕形成的，当然也不会轻易地改变。二是目的既取决于人的主观愿望，又取决于行为的环境和条件。人的具体愿望、具体行为的环境和条件是十分复杂的，由此决定了具体目的的复杂性和多变性。而人生目的作为总的目的，是与人的根本愿望、人生基本的环境和条件相联系的。人生目的的相对稳定性当然并不否定人生目的的可变性和选择性，它只是表明人生目的对人的行为活动发挥指导作用，占据支配地位。

三是人生意义的根本性。人的一生面临着许多选择，包括对朋友、老师的选择，上大学时对专业、学校的选择，毕业以后对职业、单位的选择，还有对恋爱对象和终身伴侣的选择，对生活方式、生活态度的选择等。这些选择对人生的发展都具有重要的影响，但相对于人生目的的选择，所有这些选择都只具有条件和手段的意义，只有人生目的的选择才能赋予人生根本的意义和价值。因此，人生目的的选择是最根本的选择。

人生目的是人生的一个根本问题，解决好这一问题，对人生的发展和价值的创造具有十分重要的意义。

首先，人生目的决定了人生发展的根本方向。人生目的是人生一切活动的总目标，这一总目标对人生所从事的各种具体活动起着导向的作用。李大钊说过，青年啊！你们将开始活动之前，应该定方向。比如航海远行的人，必先定个目的地，中途的指针总是指着这个方向走，才能有到达目的地的一天。若是方向不定，随风飘转，恐怕永无到达的日子。参加中国共产党第一次全国代表大会的13位代表，后来走上了不同的人生道路。而投身革命时所抱有的不同的人生目的是导致他们后来人生归宿不同的根本原因。

其次，人生目的影响着人生态度。没有明确的人生目的，人生态度也往往是消极的。得过且过地混日子，心如死灰地熬年头，就是无目的的人生在态度上的典型表现。有了明确的人生目的，就会有希望和期盼，就会有追求和奋斗。低俗的人生目的，由于受到患得患失的狭隘眼界和胸怀的制约，其人生态度往往摇摆于积极与消极、乐观与悲观之间，缺乏必要的稳定性和坚定性。而崇高的人生目的，有利于形成开阔的眼界和宽广的胸怀，有利于形成稳定、积极、乐观的人生态度。

最后，人生目的从根本上决定了人生的意义和价值。人生的意义与价值作为对人生的基本评价是相互联系的，人们常在同一意义上使用它们。但仔细分析，两者还是有差别的。人生意义侧重于主体自身对人生的体验和感受，具有一定的主观性。人生价值侧重于个人对他人和社会的作用，人生价值的评价主要不是主体自身的感觉，而是来自主体以外的他人、集体、社会的判断。人生价值比人生意义具有更多的客观性。不论是人生意义还是人生价值，其实现的共同前提是明确的、高尚的人生目的。无目的、无追求，就不可能有任何意义和价值。人生目的从根本上制约人生意义和人生价值实现的程度。

## 二、反对拜金主义、享乐主义和个人主义

拜金主义是一种认为金钱可以主宰一切，把追求金钱作为人生至高目的的人生观。它是与私有制和商品货币关系相伴产生的一种错误、腐朽的人生观念。在现实生活中，拜金主义表现为对金钱的盲目崇拜和迷信，金钱至上，以追逐金钱为人生的目的。“金子！黄黄的金子！只这一点儿，就可以使黑的变成白的，错的变成对的，卑贱变成尊贵，老人变成少年，懦夫变成勇士……”这段话是对拜金主义心态的形象描绘。

金钱作为物质财富，是人类创造并为人类服务的，人类应当是金钱

的主人，而不是金钱的奴隶。泰戈尔曾有诗说："有的鸟原本可以飞得更高更远，却由于翅膀系上黄金，这鸟便永不能再在天上翱翔了。"在追求自身发展的道路上，我们要远离拜金主义的泥潭。只有约束欲望，树立正确的价值观、金钱观，才能在为社会创造价值、实现崇高理想的过程中收获成功的幸福。

享乐主义是一种把享乐作为人生目的的人生观，主张人生的唯一目的和全部内容就在于满足感官的需求和快乐上。人们在辛勤劳作之后享受生活，这是正当的需要，是有利于经济社会发展的。然而，享乐主义把满足感官的需要和快乐作为人生唯一的目的，是对人的需要的一种偏狭理解。人的需要是具有层次性的。马斯洛的需求层次理论把人的需求分为：生理需求、安全需求、社交需求、尊重需求和自我实现需求五类，依次由较低层次到较高层次。享乐主义所满足的只是人最低层次的需求。享乐主义使人们尽情地追求物质上的享乐和肉体上的快乐，极易使人意志消沉，丧失进取精神。所以，爱因斯坦说："照亮我的道路，并且不断地给我新的勇气去愉快地正视生活的理想，是善、美和真。我从来不把安逸和快乐看作生活目的的本身——这种伦理基础，我叫它猪栏的理想。"

江西省原副省长胡长清因受贿罪、行贿罪、巨额财产来源不明罪，于2000年3月被正法。在执行死刑前，这位大贪官曾经痛哭忏悔，并自我剖析了腐败堕落的原因之一是放松改造，个人主义、享乐主义的私欲恶性膨胀，由此可见享乐主义对人生的危害。当前，有一些大学生用父母辛辛苦苦挣来的血汗钱比阔气、摆排场，不考虑自己的经济情况，追逐名牌和潮流，有的大学生甚至因此而负债累累，作出一些违法犯罪的事情。因此，我们一定要认清自己的家庭经济情况，摆脱享乐主义的诱惑，做到合理适度的消费。

个人主义是一切从个人出发，把个人利益放在集体利益之上的人生观，主张个人就是目的，具有最高价值，社会和他人只是达到个人目的的手段。萨特的"他人就是地狱"的观点是个人主义人生观的典型代表。极端个人主义在个人与他人、个人与社会的关系上表现为极端利己主义和狭隘的功利主义。追求利润最大化是市场主体的必然目标，在这一目标的诱导下，极端个人主义者便会作出损人利己、不讲公德的事情，甚至会为了一己私利不择手段地侵犯社会和他人利益。没有正确的人生观，人的私欲就会无限膨胀。

上述几种错误的人生观虽然在形式上各不相同，内容上也不尽一致，但它们都是剥削阶级的人生观，反映的都是狭隘的观念。它们曲解了个人与社会的关系，把个人利益与社会利益相对立，把自然欲望的满足作为人生唯一的目标，走向堕落和毁灭是其必然归宿。

### 三、人生目的的形成与选择

从总体上说，人生目的的形成受到两个方面因素的影响：一是客观的社会历史条件的影响，包括家庭出身、生活环境、交往的对象和范围、早年所受到的教育、社会的文化传统和时代精神，等等。二是主体在对社会、人生认识和体验的基础上所作出的价值选择，人生目的是在主体形成了一定的价值判断和选择能力以后逐步形成的。主观和客观两方面因素是相互渗透的。由于人的价值判断和选择能力经历了一个逐步形成和提高的过程，因而，越是在人生的早期，客观环境因素对人的影响包括对人生目的的影响就越大。在人的主体选择能力形成之前，环境因素对人的影响也不是纯客观的，因为其父母或监护人的主观的思想观念和行为恰恰构成了“环境”的主导因素。

人生目的的形成受到主客观两个方面因素的影响，而人自身的选择即人的主体因素是决定人生目的的主导因素。在一定意义上，我们可以说，人生目的是我们选择的结果，选择正确的人生目的是摆在我们面前的一个重要任务。

人们对人生目的往往面临着两种类型的选择：一是在有目的和无目的之间作出选择；二是在不同目的之间作出选择。讨论第一种类型的选择，首先要回答的一个问题是存在不存在无目的的人生。如果答案是否定的，那么这个问题也就不存在了。有人从人的自觉能动性出发，断定人的行为都是有目的的，人生也必然是有目的的，不存在无目的的人生。

有人甚至推论说，无目的本身就是一种目的，不选择本身就是一种选择。这一观点或许是要强调人生选择的必要性，但不符合事实，因而是难以说服人的。人的具体行为目的的确定性并不等于人生目的的确定性，顺其自然地过日子、浑浑噩噩地混光阴的大有人在。承认有无目的的人生这一事实，并不能表明选择是不必要的。该不该选择不在于是否存在无目的的人生，而在于无目的和有目的之间的价值比较。否认无目的人生的存在，必然把对人生目的的选择局限在几种具体目的的范围内，而放弃对有无目的之间的选择。事实上，在这两种类型的选择之间，有无目的的选择具有前提性的、更重要的地位。关于有无人生目的的问题不解决，具体目的的选择就是多余的。

人生目的处于模糊状态，是人生目的形成过程中一个必经阶段，有其存在的必然性。任何人的人生目的都不是从一开始就十分明确的，问题是应该怎样看待和评价人生目的的模糊阶段。是努力摆脱这一模糊状态，尽快明确人生目的，还是停留在模糊阶段，陶醉于“难得糊涂”？这两种态度分别代表着人生目的的“有”和“无”这两种选择倾向。

主张人生无目的，可称其为虚无主义的人生目的观。这种人生目的观认为，人的个体生命纯粹是偶然的，人何时生何时死，从何处来到何处去，非人力之所为，用存在主义的话说就是：人是被抛到这个世界上的。主张人生不该有目的的虚无主义的人生目的观，其认识根据主要有两点：一是人无法把握生死等人生的命运，因而人没有企求人生目的的资格和权利；二是人在追求目的的过程中会因不可避免的挫折和失败而增加痛苦，因而人追求目的有害无益。这样的认识是值得商榷的。

第一，以生与死的问题为例，个体生命的诞生既不是天意也不是神启，而是人为。更重要的是，人生的意义不仅仅是指生命诞生的那一刻，更多的是体现在怎样对待生命和生活。轻生与乐生，厌世、玩世与创世就是对生命和生活的不同选择。对死也是如此，有人怕死，有人寻死，有人坦然面对死，更有人为了真理和正义而视死如归。这都是对死的不同选择。认为生死不能选择的人在认识上的误区是把选择局限于对生死这一事实的改变，由这一事实的不可改变性进而否定对生死选择的可能性。这一认识误区必然使人陷入虚无主义和悲观主义。对生死态度选择的强调，不仅是因为其具有可能性，更是因为其具有必要性。对生死的态度比改变生死的事实具有更为重要的意义和价值。由于生死作为事实的不可改变性，使得人们对操纵和控制生命十分向往，如对长生不老的向往。但生命的延长是否有意义，从根本上取决于生命价值的大小。青春的美好、时间的珍贵、爱情的浪漫，可以说，人世间一切有价值的东西，其根源都在于它们的有限性。所以，重要的不在于生命的长短，而在于人对生命意义和价值的感受和体验。而后者直接与人生目的有关。

第二，无目的追求当然也就不存在挫折与失败，也不会产生由挫折失败带来的沮丧和痛苦，这似乎是事实，如此看来，对人生目的的追求似乎会带来更多的痛苦而显得有害无益。这样的结论显然是错误的。得出这一错误结论的根源在于认识的片面性：其一，它只看到追求人生目的会带来痛苦，而没有看到无目的会产生另一种痛苦——空虚和无聊。叔本华把空虚和无聊看作是更加难以忍受的痛苦。其二，它只强调追求人生目的会因挫折、失败而产生痛苦，却回避了顺利和成功将给人带来莫大的快乐和幸福这一事实。

由此可见，虚无主义的人生目的观，忽视了追求和奋斗的意义，忽视了奋斗正是体验人生意义的一种方式。这就是我们在人生目的上作出摒弃虚无主义人生目的观，肯定追求人生目的这一选择的价值依据。

社会生活应该是丰富多彩的，人生的选择包括人生目的的选择也应该是多样的、充满个性的。这里讨论的不是选择哪一种具体目的，而是这一选择应遵循哪些基本准则。比如，人生追求的目标应该在致力于个人发展的同时，也有利于他人和整个社会的发展和进步；在享受生活的同时要积极地劳动和创造生活；在谋求物质利益的过程中，也不断地提升精神文化需求和精神境界。不论我们选择什么样的人生目的，只要符合这些基本的准则或要求，我们就可以相信，这将是一个有着广阔的发展前景，有利于人生意义和价值实现的正确选择。

# 第三节　人生态度

人的一生中都会遇到苦乐、生死、祸福、得失、成败等一系列人生矛盾，如何面对这些矛盾，以一种什么样的人生态度处理这些问题，将直接决定一个人的一生。

## 一、人生态度的含义及其类型

态度是人在一定情感体验的基础上对事物所持有的反映、评价和行为倾向。人生态度是人在一定生活体验的基础上所产生的对人生较为稳定的反映、评价和行为选择倾向。

在历史和现实生活中，人生态度表现为入世、出世，积极、消极，有为、无为，悲观、乐观等多种多样的类型。不同的思想家和不同的文化，对人生态度的类型有不同的概括方式。在我国，传统的分类方式一般把人生态度划分为入世、出世、避世三种类型。入世的人生态度为儒家所主张，其要义是教人通过“修身”即“正心、诚意、格物、致知”，走“齐家、治国、平天下”的人生道路。出世的人生态度为佛教所主张，其要义是教人明白人生的一切都是虚空和荒谬，没有什么希望，应当超脱尘世，跳出苦海。避世的人生态度为道家和一些古代隐士所主张，其要义是告诉人们“人生无常”“生不足喜，死不足悲”，不要去为世俗的名利、官禄而纷争，因为它只能给人生带来痛苦、烦恼；唯有避开现实社会，到大自然中去领略“与自然为一体之放达”，方可达到人生的最高境界。

现在，人们习惯于把人生态度分为两种基本类型。从表现的行为倾向上分为积极型和消极型，从情感表现上分为乐观型和悲观型，从动机倾向上分为社会型和自利型，从阶级属性上分为剥削阶级的人生态度和无产阶级的人生态度，等等。

需要指出的是，这些分类仅仅是为了认识和研究的需要。实际上，在现实生活中，具体表现在每个人身上的情况要复杂得多，我们很难把一个人的人生态度简单地归入某一种类型。真实的情况是：在不同的环境下，一个人在同一时期，对不同的事情，其人生态度往往会发生一些变化，有时积极，有时消极；有时悲观，有时乐观。在进行人生评价时需要注意避免简单化、绝对化。但是，不论人生态度在特定个体身上表现得如何复杂，从总体上我们还是能够发现其基本倾向的。

## 二、树立积极乐观的人生态度的意义

首先，积极乐观的人生态度为实现人生目的和人生理想提供了必不可少的主观条件。人生的目的和理想是主观的，仅仅是主观意识还不能等同于价值事实。主观精神转变成客观的价值事实，依赖于主体实现目的和理想的实际行动。态度本质上是一种行为倾向，主体能否采取实际行动，要看他有没有积极的人生态度。没有行为倾向，谈何行为？从这一点看，我们完全可以说，一个人的人生目的和理想有没有价值或意义，并不仅仅取决于人生目的是否正确、人生理想是否崇高，还取决于是否采取实现人生目的和理想的积极态度。

其次，积极乐观的人生态度可以充分发挥人的潜力，激发人奋发向上，创造最大的人生价值。在社会生活中，积极的人生态度与勤劳、勇敢、奋斗等实践精神总是紧密联系在一起的。在学习活动中，积极的人生态度表现为勤奋好学、发愤成才的学习精神。自古以来，优秀的人才队伍正是由那些发愤学习的人组成的，社会的财富正是那些勤劳的人们创造的。态度不积极，也就没有任何人生价值和意义可谈。积极的人生态度可以巩固和强化人们对人生目的和人生理想的认识和信念。

最后，积极乐观的人生态度是人的精神生活的重要组成部分。人的生活有两个基本的组成部分：一是物质生活，二是精神生活。一个人没有物质生活便不能维持自己的生命，没有精神生活就没有属于人的生活。在现代社会，没有精神生活的人会“闷死”“烦死”“憋死”。在两种生活需要之间，许多人往往更看重精神生活，在物质生活基本得到满足的情况下尤其是这样。“态度”和认知、情感、意志、信念、情操等一起构成精神生活的内在因素。

### 三、对几种人生态度的比较和评价

评价人生态度的基本标准或尺度应该有两个方面：一是真理尺度，二是价值尺度。真理尺度是指客观事物的本性及其发展规律的内在要求。如种瓜得瓜、种豆得豆，有耕耘才有收获等，说的都是客观事物的本性及其发展规律的要求和体现。当我们把这一要求变成衡量和评价事物的尺度的时候，就称之为“真理尺度”。作为态度评价的真理尺度，在内涵上它有三个具体要求：

一是客观真实性。科学意义上的人生态度作为对世界、人生的一种反映模式，应该是对世界和人生的真实的、客观的反映。如毛泽东倡导的做老实人的要求，“我们应该是老老实实地办事；在世界上要办成几件事，没有老实态度是根本不行的。”①这里所说的“老老实实”“老实态度”，强调的是我们办事情所采取的态度，都要能客观、真实地反映世界和人生的实际情况，体现客观事物的本性、规律等内在要求。

二是现实可行性。人生态度作为心理倾向和行为的准备状态，应该随之能够过渡和转化为实际的行为，因此它具有现实可行性。比如，在大学集体生活中，同学之间要相互交往，假如你采取的是一种以自我为中心，我行我素，只顾自己不顾别人的态度，当然就行不通。因为，大学集体生活需要一种互相关心、互相帮助的和谐的人际关系，只有采取互相关心、互相帮助的态度，在大学生活中才是可行的。

三是普遍适用性。科学意义上的人生态度不仅仅适用于一时一事，它在人生活动中具有一贯性和普遍性。比如，回避现实的人生态度，不具有一贯性和普遍性，因此不是科学的。一时一事的回避是可能的，但什么事都想回避是不可能的。人生中诸如苦难、逆境、挫折、失败等都是客观存在、不可避免的。普遍适用性的第二层含义是指科学意义上的人生态度不仅适用于某些个人或群体，而且对社会大多数成员都适用。比如，享乐主义的人生哲学就不具有普遍适用性。享乐主义者对人生的

①《毛泽东选集》第3卷，人民出版社1991年版，第822页。

幸福和快乐的肯定与追求并没有错，但他们忽略了享乐所依赖的必要条件，割裂了劳动创造与享乐的关系，因而对大多数社会成员不具有普遍适用性。

作为人生态度的评价标准，价值尺度的基本含义是指在某种人生态度的支配下，人生活动是否有利于对生命意义的肯定和赞扬，是否有利于增进人对美好生活的体验和追求，是否有利于促进个人、他人及社会的协调发展和共同进步。价值尺度是关于人作为主体自身的内在要求，包括人的需要、人的本性、人的发展和完善等。如果说真理尺度反映的是合规律性要求的话，那么，价值尺度反映的则是合目的性要求。合规律性和合目的性的统一，是人关于一切实践和评价活动的基本要求，当然也是人生态度评价的基本要求。

在真理尺度的意义上，从客观真实性的要求看，悲观厌世的人生态度是否具有客观真实性呢？或者说，这一态度是否具有客观根据呢？回答应该是肯定的。因为，这一态度的主要依据是人类存在着死亡、疾病、痛苦、挫折、失意、失败等令人沮丧的人生遭遇和处境，特别是死亡。有人认为，死亡是对人生现实意义的最终的、永恒的否定。对个体来说，生是短暂的，死是永恒的。在悲观主义者看来，生是有，死就是无；生是一切，死就是对一切的否定；生是过程，死就是过程的中断；生是有意义、有价值，死就是无意义、无价值，因而，死就是一个完全消极、否定的现象。面对这样一个人所无力改变的冷酷的事实，人对自己的生命及其前途就只能是悲观的、失望的、无为的。悲观主义者一般并不认为是自己选择了悲观主义，而是认为在无情的规律面前除了悲观以外，别无选择。从现实可行性看，悲观厌世的人生态度是否可行？或者说把悲观的态度转化为厌世的行为会不会遇到什么障碍？不会。它与享乐主义不同，悲观厌世的态度并不依赖于外在的条件，每个人都有悲观和厌世的自由。从普遍适用性看，也没有什么问题。一个社会在某个特殊时期许多人都悲观厌世，人的一生基本上是在悲观失望中度过的，这似乎并没有什么不可能。

在价值尺度的意义上，悲观厌世的人生态度是否有利于对生命意义的肯定和赞扬呢？显然不会，它恰恰是对生命意义的否定和贬斥；是否有利于增进人对生活的美好体验和幸福追求呢？显然也不会，它恰恰是夸大了人对生活的痛苦体验，使人放弃追求，选择逃避；它是否有利于促进个人与他人、社会的协调发展和共同进步呢？也不会，人连基本的生活信心都没有了，个人及社会发展和进步又如何会有动力呢？可见，悲观厌世的人生态度，虽然其产生有一定的客观依据和现实的理由，但由于它不符合人的价值标准，没有达到合规律性与合目的性的统一，所以我们应该摒弃这种从根本上否定人、否定人生的生活态度。

超然无为的人生态度，其认识根源或现实依据主要有两点：一是持这种人生态度的人同时看到人的生死、乐苦、成败等积极和消极两个方面，用悲观的根据来反对乐观态度，又用乐观的根据来否定悲观主义，于是采取一种既不悲观也不乐观、折中调和、超然无为的态度。二是生活中同时还存在着非生非死、非苦非乐、非成非败的中间状态，或亦生亦死、亦苦亦乐、亦成亦败的交织状态。比如追求和奋斗的过程，就是一种非成非败、亦成亦败的状态，因而，对人生采取一种超然、与世无争的态度，也似乎是有它的一定根据的。

采取超脱和无为的人生态度是否可行？不可行。如果说在以自给自足的自然经济为主导的古代社会，人们还可能躲进深山老林过隐居生活的话，那么在现代社会作这种选择就行不通了。现代社会分工的发展以及便捷的交通和通讯手段使人与人之间比以往任何时候都更加紧密地联系在一起。个人在物质和精神文化生活的各个方面都更加依赖于他人和社会。同时，现代人自身也普遍丧失了独立生活的能力，因而，超脱只能在十分有限的范围内和主观意愿的意义上才有它存在的有限理由。试图采取无为的态度也是如此，只要我们承认一个人无法摆脱与他人的联系，无法超脱社会生活，那么，我们的人生就必然会对他人和社会产生影响，至于这一影响是我们刻意追求的还是无意造成的，那是无关紧要的。如此看来，超脱和无为人生是否具有普遍适用性这个问题的答案就更为清楚了，任何时代、任何社会，要生存，就要生产，就要劳动，人人都超脱，人人都无为，除了灭亡，不会有其他出路。

从价值尺度看，超然无为的人生态度不利于对生命意义的肯定和赞扬，不利于增进人对生活的美好体验和幸福追求，也不利于促进个人与他人、社会的协调发展和共同进步。就是说，超然无为的人生态度不仅在认识上是片面的，只看到了客观环境和规律对人的欲求的限制，而看不到人的主体能动性对规律的认识和把握以及对环境的能动改造，在实践上也是有害的。它从根本上否定了人的欲求的合理性，以及通过对环境的斗争和改造使人的欲求得到一定满足的可能性。这样，人对美好未来的信心和希望就不存在了，人所特有的作为世界、社会和人生的主体地位就被否决了，人的开拓、进取的可贵精神就被扼杀了。这种人生态度在人生矛盾面前是退却，不是斗争；对人生意义、价值是否定和放弃，不是肯定和争取。这一人生态度的基本倾向是消极的，应当被舍弃。

有一首歌赞美“平平淡淡才是真”，这实际上就是超然无为人生态度的一种表现，然而这一态度却得到了包括青年学生在内的一些人的响应和赞同。

诚然，这种人生态度在特定的意义上有其一定的合理性，对淡泊名利的人，对经过轰轰烈烈的人生追求之后功成名就、志得意满的人，他们崇尚平淡的人生态度，实际上是在调整自己的身心，或者是为了变换一种生活方式。但是，对于刚刚踏上人生征途，本该朝气蓬勃、奋发向上的大学生来说，信奉超然无为的人生态度，则是不可取的。事实上，在信奉这种平淡人生态度的青年学生当中，至少有一部分是无所追求、没有奋斗目标的人。这些人不是大彻大悟的智者，而是地地道道的懒人，他们懒得思考、追求和奋斗，于是一切顺其自然，安于碌碌无为。

积极乐观的人生态度，从客观真实性看，有其世界、人生的真实依据。比如，人是万物之灵，人有主观能动性，人类社会总是不断地由愚昧走向文明，由落后走向进步，由贫穷走向富裕，由黑暗走向光明的；人生虽有死亡、疾病、痛苦等，但人生也有新生、健康和快乐。虽然从个体上看，生是短暂的，死是永恒的，而从人的种族的延续、整个人类的存在和发展上看，死又是暂时的，生生不息才是永恒的。积极乐观的人生态度并不否认生命有限的事实，但对这一事实又不同于悲观的人生态度。比如，持积极乐观人生态度的人认为，死固然是对生的否定，但否定中有肯定的因素，死是对个体生命的否定，却同时是人类生命延续的一个环节；死是对具体生命形式的否定，却同时是向其他生命形式的转化；死是对人的自然生命过程的中断，却无法中断人的社会生命；死固然具有消极的意义，但消极中也有积极的因素。从死在根本上否定了人欲求“永生”的意义看，它是消极的，但从生命的有限性突显了生命本身的价值和意义看，它又是积极的。事实上，正因为生命是有限的，人才珍惜生命、珍惜青春、珍惜光阴，就像疾病突显了健康的价值，死亡也突显了生命的价值。即将死去的人对生命的眷恋和珍惜，往往超过常人。如果人们没有生命有限的意识，没有对死亡的危机感，人世间的一切奋斗和追求、一切文明的创造都是不可能的，农民不会种田，工人不会做工，学生不会上学，科学家不会做实验。因为，这一切都失去了生存需要的推动，即便有其他动力，也会在“明日歌”中无限拖延而最终流产。

可见，面对死亡这一同样的事实，我们却可以得出不同的认识、观点、态度和结论。这表明，与其说是客观事实决定了人对事实的态度和观点，不如说，不同的态度和观点使人们戴上了看待同一事实的不同的“有色眼镜”。“存在决定意识”表达的仅仅是这样一个思想：人们的思想、意识的形成必定要受到周围环境的影响，必定要打上所处社会和时代的印记。这一原理并没有否认意识的能动性。也就是说，不能把“存在决定意识”机械地理解为具体事实决定了对这一事实的具体观点和态度。人不能选择和改变客观发生的事实本身，但对这一事实的观点、态度、情感乃至对人生的影响却是可以选择的。对生死的认识也是如此，是悲观还是乐观地看待生死和人生也是可以选择的。选择的根据在于价值比较。悲观人生与乐观人生之间的价值比较是十分明了的。悲观主义者的悲剧不在于不会进行这样的价值比较和价值选择，而是受到形而上学的思维方法的局限，从根本上否定了进行这种价值比较和选择的可能性。如果说，悲观厌世的人有一百个理由而悲观的话，那么，积极乐观的人却可以有成千上万的理由而乐观。

由此可见，如果说消极悲观态度和积极乐观态度在真理尺度方面还看不出明显区别的话，那么，在价值尺度方面，两者的区别和对立就凸显出来了。恰恰是积极乐观的人生态度，也只有这一态度，才有利于对生命意义的肯定和赞扬，才有利于增进人对生活的美好体验和幸福追求，才有利于促进个人、他人与社会的协调发展和共同进步。

人类从野蛮走向文明，从落后走向进步，从黑暗走向光明，凭借的正是人们普遍崇尚的积极乐观的人生态度。人类的历史是那些热爱社会、热爱人生、热爱生活的人创造的，社会进步也是靠那些脚踏实地、奋发向上的人推动的，没有他们就没有人类的文明和进步，就没有我们的今天。大学生应当确立正确的人生目的和积极乐观的人生态度。

## ■ 实例研讨

雨后，一只蜘蛛艰难地向墙上已经支离破碎的网爬去，由于墙壁潮湿，它爬到一定的高度，就会掉下来，它一次次地向上爬，一次次地又掉下来……

第一个人看到了，他叹了一口气，自言自语："我的一生不正如这只蜘蛛吗？忙忙碌碌而无所得。"于是，他日渐消沉。

第二个人看到了，他说："这只蜘蛛真愚蠢，为什么不从旁边干燥的地方绕一下爬上去呢？我以后可不能像它那样愚蠢。"于是，他变得聪明起来。

第三个人看到了，他立刻被蜘蛛屡败屡战的精神感动了，于是，他变得坚强起来。

请问：你如何看待这只蜘蛛的行为？

思考题

1.应该怎样理解人的本质？马克思主义人的本质观的要点有哪些？

2.什么是人生目的和人生态度？两者的关系如何？

3.你怎样理解积极乐观的人生态度的意义？你打算怎样确立积极乐观的人生态度？

# 第八章　培养良好的道德品质

在世界上一切道德品质之中，善良的本性是最需要的。

——[法]罗素

最有道德的人，是那些有道德却不需由外表表现出来而仍感满足的人。

——[古希腊]柏拉图

遵照道德准则生活就是幸福的生活。

——[古希腊]亚里士多德

道德品质对于成长成才、塑造完美人格、保持身心健康和成就事业具有重要作用。首先，道德品质不仅是人才培养的基本条件，也是个人成长的内在动力。其次，道德品质是完美人格的构成要素。一般说来，人格是每个人获得内在价值的品质，是指每个人身上体现出来的尊严、气质、风度、品质和学识等各方面特征的总和。道德品质是完美人格的基础。再次，道德品质是个人保持身心健康的需要。世界卫生组织已经把人的道德修养和道德品质纳入健康的范围。健康不仅是指人的身体方面，也包括人的精神方面。按照世界卫生组织的标准，一个健康者不以损害他人的利益来满足自己的需要，能够辨别真与伪、善与恶、美与丑、荣与辱等，能够按照社会的道德原则和规范来约束、支配自己的思想和行为。最后，道德品质也是个人在社会主义现代化建设中建功立业的重要保证。

# 第一节　道德品质的形成与发展

## 一、道德品质的含义及其构成

道德品质通常也被称作品德或德性，体现一定社会或阶级道德要求的个人意识和行为特征。旧伦理学往往偏重于从人类个体的生理或心理特征来观察道德品质，从抽象的人性特征上解释道德品质的形成和发展，因而不可避免地陷入唯心论或机械论。马克思主义伦理学认为，所谓道德品质是一定社会的道德原则和规范在个人观念和行为中的体现，是一个人在一贯的道德行为中表现出来的稳定的特征和倾向。道德品质是一个综合性范畴，由道德认识、道德情感、道德意志、道德信念和道德行为五个要素组成。

道德认识指的是人们对于个人同社会和他人的关系，以及对一定社会用以调节这种关系的理论、原则和规范等的了解和掌握。从层次上看，道德认识可划分为感性认识和理性认识。从内容上看，无论是感性或理性层次，都是为了掌握道德观念和范畴（如善、恶、义务、良心、正义等），以及根据一定的道德原则和规范，对社会现实道德关系和行为的道德价值进行判断和评价。在道德品质构成中，道德认识是社会的道德要求转化为个人内在品质的首要环节，也是形成道德品质的思想前提和基础。尽管有的人可能对自己的道德认识并没有充分的自觉，但这种认识在其道德品质构成中依然是存在的。从这个意义上说，没有一定的道德认识，就不可能形成道德品质。

道德情感是人们基于一定的道德认识，从某种人生观和道德理想出发，对现实生活中的道德关系和道德行为所产生的倾慕或鄙弃、爱好或憎恶等情绪与态度。在道德品质构成中，主体的道德情感具有三种作用。首先是评价作用，即以某种情绪表明对某种道德关系和道德行为的评价态度。其次是调节作用，即以某种情绪态度来强化或弱化个人的某种道德认识和道德行为。最后是信号作用，即主体通过各种表情或动作来示意自己行为的道德价值。所以，道德情感一旦形成，就会积极地影响和调节人们的道德行为，使个人的某种行为加速或延缓、持续或中断，而且道德情感还可以同道德认识结合在一起，增强或减弱人们履行某种道德义务的道德意志。

道德意志是人们履行道德义务过程中为克服困难、障碍而作出的努力和坚持。在道德品质构成中，道德意志的主要功能是依据某种道德认识和道德情感，果断地确定道德行为的方向和方式，并抑制和排除来自外部或内部的障碍和干扰，使人长时间地专注于所确定的行为方向和价值。因此，如果没有道德意志，道德认识就不能转化为道德行为，更不可能始终保持高尚的道德情操。

道德信念是人们对于某种人生观、道德理想和行为原则的正确性和正义性深刻而有根据的笃信，以及由此而产生的对某种道德义务的强烈责任感。它是深刻的道德认识、炽热的道德情感和顽强的道德意志的有机统一，具有稳定性和持久性的特点。在道德品质结构中，道德意志居于主导和核心的地位。具有坚定道德信念的人，往往能热切追求某种崇高的理想人格，努力捍卫某种社会或阶级的道德原则和规范，不惜一切代价履行自己的道德义务。

道德行为是人的道德品质结构中主观见之于客观的要素，通常表现为道德语言、道德行动和道德习惯。在道德品质构成中，道德认识、道德情感、道德意志、道德信念等，都是不可缺少的重要因素。然而，由于它们都还属于道德意识的范围，因此仅仅能够指导和影响道德行为的选择。一个人如果只是停留在这些阶段，而不以实际行动去履行道德义务，那么，就还不能认为他已实际具有某种道德品质。道德品质作为过程来观察，同人的认识过程相似。人们接受道德教育并在道德生活中积累经验，形成自觉的道德意识，再回到社会道德生活中去，将其变为实际履行道德义务的道德行为并坚持下去，进而成为自己的道德行为习惯。个人在道德品质形成过程中的能动性，不但表现为从道德生活经验到道德信念的飞跃，而且还表现为从道德意识到道德行为的飞跃，以至形成履行道德义务的行为习惯。只有到了这时，人们所获得的道德意识才能得到巩固，才能在行为整体中表现出稳定的特征和一贯的倾向，个体从而才能实际具有某种道德品质。

## 二、道德品质的特征与作用

道德品质是一定社会道德关系的个性化体现，内含一定的社会内容，反映一定的社会风尚。道德品质具有三个显著的特征：

第一，道德品质与道德行为是统一的。道德品质所反映的不仅是个体内在的心理或意识上的特质，不仅是个体主观见之于客观的行为特质，而且是综合个体道德心理、道德意识和道德行为的特定属性。道德品质或德性是从静态来观察和概括个体道德的范畴，而道德行为或德行则是从动态来观察个体道德的范畴。一个人在特定道德意识的支配下所采取的某类道德行动，以至养成一种道德上的行为习惯，就成为这个人以道德行为为表征的某种道德品质。而一个人特定的道德意识又总是通过他的一系列道德行为表现出来，离开主体的道德行为，就不能确定主体的道德意识所反映的道德品质。所以，道德品质同人的其他某些品质相比，更明显地表现出心理因素和行为因素的统一。

第二，道德品质是自觉意志的结果。人的道德品质往往表现为个体的习惯或习性，但它不是一般的习惯或习性，而是个人凭借意志审慎选择之后逐步形成的习惯或习性。就是说，道德品质不是消极适应某种世俗风情而自然形成的一般生活习惯，更不是个人某种“兴趣”“感情”自然发展的结果，而是个人自觉意志的高度凝结。它是人们在行为的过程中凭借自觉的判断和选择，凭借自觉的意志调节情感和行为的结果。这是道德品质不同于一般习惯或习性的一个突出特点。

第三，道德品质反映道德行为整体的稳定特征和倾向。所谓道德行为整体，可从两个方面理解：其一，是指构成道德行为的主观方面和客观方面的统一，即道德意识和道德行为的统一。其二，是指一个人的一系列道德行为的统一，即一个人在某一实践领域、某一活动时期或阶段乃至一生全部道德行为的综合。这就是说，人的道德行为整体，不单是指个别行为中一系列动作或举动构成的整体，而且是指主体在各个活动领域和各个时期的一系列行为结合起来的整体。因此，一个人的道德品质，不但表现为某个持续行为中的稳定倾向，而且表现为行为整体中的稳定倾向。

良好的道德品质具有多方面的作用：

第一，有利于身心健康。随着医学科学的发展，医学模式已由传统的生物医学模式向“生物—心理—社会”医学模式转变。世界卫生组织把健康的指标从单纯的生理范围延伸到适应社会生活的广泛领域。医学心理学和行为科学研究表明，人的身心健康和人的行为习惯之间关系密切。一般来说，一个人能够严格遵循道德规范，注重自我修养，乐于履行社会道德义务，就会心情愉悦、身心和谐，人体因此能分泌有益于健康的内啡酞、乙酰胆碱、蛋白酶等生化物质。反之，当一个人做了不道德之事后，他觉得到处都是“眼睛”，内心不安，这时，人体就会分泌过多的促肾上腺素，血压升高，精神紧张，甚至出现生理或心理疾患。所谓“君子坦荡荡，小人长戚戚”（《论语·述而》），说的其实就是道德品质与健康的关系。大量的临床病例证明，不良的道德品质和行为有损身心健康，良好的道德品质有益身心健康。

第二，有利于塑造高尚人格。不同学科对人格的含义有不同的理解。伦理学意义上的人格指的是个体道德品质诸要素之间的内在统一性。一个人的道德认识、道德情感、道德意志、道德信念、道德行为都合乎或基本合乎其所生活的时代的道德要求，我们说这个人的道德品质是好的，甚至是高尚的；反之，则道德品质有问题。良好的道德品质由于其内在结构诸要素之间处于平衡和统一的状态，所以有利于维护和塑造主体健全甚至是高尚的道德人格。如一贯诚实守信的人，人们都会说其道德品质是良好的，同时对其道德人格也会给予肯定，因为从道德认识、道德情感、道德意志、道德信念、道德行为看，他做到真心实意、表里如一、言行一致。而不能做到诚实守信的人，人们一般都会说他道德品质有问题，道德人格存在缺陷。从这一点看，也可以说，良好的道德品质与健全的道德人格具有同等意义。

第三，有利于立志成才。立志成才是大学生的人生追求。一个人的成才主要有两条基本途径：一是接受教育，二是加强修养。教育包括社会教育、家庭教育和学校教育，而学校教育又是主要的，但仅有学校教育或学校的专业教育还是不够的。正如爱因斯坦所说："通过专业教育，可以使人成为一个有用的机器，但是不能成为一个和谐发展的人。"[①]一个人要想成长，在接受教育的同时还必须自觉加强修养。良好的道德品质对人生发展的意义是不容忽视的，它不仅是一个人成长的可靠基础，而且是一个人取得成功的根本保证。大学生踏进大学校门，仅仅是迈向成才道路的第一步，犹如刚开采出来的铁矿石，最终能否被冶炼、锻造成具有特殊用途的钢材，除了应具备必要的外因条件外，更重要的还在于矿石本身的"品质"。这就是说，大学生只是有可能被培养成才的"材料"，最终要成才还必须在培养过程中不断对自己进行"冶炼""锻造"。

因此，大学生在校期间既要注意智力因素的培养和提高，也要注意非智力因素的培育和优化，对自己的心理素质特别是道德品质提出更高的要求。爱因斯坦在《悼念居里夫人》一文中说过："在像居里夫人这样一位杰出人物结束她一生的时候，我们不仅仅满足于回忆她的工作成果对人类已经作出的贡献。第一流人物对于时代和历史进程的意义，在其道德品质方面，也许比单纯的才智成就方面还要大。"[②]居里夫人的崇高品格和在科学上的巨大成就，教育和鼓舞了一代又一代青年追求真理、立志成才。

### 三、道德品质的形成与发展

人的道德品质不是先天形成的，也不是纯粹的个人的主观设计，而是经过长时期的行为积累，通过外部客观因素对行为主体持续不断地施以影响，主体自身不断加强自我锻炼和修养，才得以完成的。道德品质

① [美]阿尔伯特·爱因斯坦:《爱因斯坦晚年文集》,方在庆、韩文博、何维国译,海南出版社2000年版,第32页。

② [美]阿尔伯特·爱因斯坦:《爱因斯坦晚年文集》,方在庆、韩文博、何维国译,海南出版社2000年版,第32页。

的形成，要经过一个由道德认识到道德实践，由道德观念到道德信念，由道德行为到道德习惯的发展过程。具体地说，道德品质的形成和发展表现出以下几个方面的特点：

第一，道德品质是在一定的社会环境和物质生活条件中形成的。在社会生活中，个人怎样生活，就会具有怎样的面貌。而个人是什么样的，这首先取决于他所进行的社会实践的实际内容。道德品质作为人的本质的基本方面，反映社会关系中的人的社会特质，是一定的社会物质生活条件的产物。离开了社会物质生活条件和教育等客观环境的影响，人是不可能形成道德品质的。

第二，道德品质是在社会实践的基础上，经过个人的主观努力而形成的。道德品质不是人消极地适应社会环境和被动地接受物质生活条件的影响，而是在改造客观世界的社会实践的基础上，经过个人的主观努力，自觉地锻炼和修养的结果，道德品质的产生是一个人自觉认识和行为选择的过程。在一定的社会环境和物质生活条件中，离开了主体的自觉意识和刻苦努力，同样不能自然而然地形成一定社会所要求的道德品质。

第三，客观道德要求和主观道德认识之间的矛盾，是推动道德品质形成和发展的动力。道德品质的形成和发展不是一次完成，而是在实践的基础上，客观因素和主观因素相互作用的矛盾运动过程。在影响道德品质形成的因素中，客观的社会物质生活条件、社会的教育和个人的生活经历固然起着巨大的作用，但人作为积极能动的主体所具有的自觉认识和意志选择的主观能动性也是不可忽视的。随着社会经济关系、道德关系的变化，社会的道德要求也在变化，而个人如何对待社会道德要求的变化，也使客观因素和主观认识之间的矛盾处于变化之中，这一矛盾的产生和解决，推动人们道德品质的形成和发展。因此，客观社会道德要求和个人对社会道德认识之间的矛盾是推动道德品质形成发展的内因，外部环境的作用要通过个体内部这一矛盾才能发生作用，这是不以人的意志为转移的。所以，道德品质的培养一方面需要外在的道德教育，另一方面需要个体内在或者说主观的道德修养。

# 第二节　加强大学生思想道德修养的时代要求和主要内容

## 一、加强大学生思想道德修养的时代要求

我国正处于深化改革开放和发展社会主义市场经济、全面建成小康社会的关键时期，这一时期要求我们要切实加强大学生思想道德修养。

随着改革开放的深入发展，整个社会的政治、经济、文化等都发生了巨大变化，对人们尤其是青年大学生的思想意识、价值观念、道德品质和精神面貌产生了广泛而深刻的影响。由于新旧体制的转换、新旧观念的冲突、中外文化的反差，诸如理想与现实的矛盾、义与利的辨析、贡献与索取的选择等问题出现了，需要我们经过认真思索，作出正确回答。这是摆在每个青年大学生面前的一个紧迫的时代课题。大学生作为现代社会的文明人，要主动适应发展社会主义市场经济和推动整个社会文明进步的客观需要，不仅要不断地获取和掌握新的科学知识，具有较强的业务能力，而且要逐步地完善自己的个性，培养高尚情操，具备优良的思想道德素质。

当今时代要求我们学会用科学的世界观和正确的人生价值观，分析和对待自己面临的社会和人生问题，这就必须加强思想道德修养。青年学生正处在世界观、人生观和价值观形成的关键时期，可塑性较强。一个人在青年时期树立什么样的世界观、人生观和价值观，对今后的人生道路、事业发展有着深远的影响，甚至起着决定性的作用。世界观、人生观、价值观的问题如果不解决，或解决得不好，是不可能成为合格人才的，更谈不上成为优秀人才。我国的社会主义现代化建设事业所处的国际国内形势，既存在极好的机遇，也面临着严峻的挑战，需要我们坚持运用科学的世界观和正确的人生价值观观察和思考问题，把握自己的成才方向。中国特色社会主义制度是我们形成科学的世界观和正确的人生价值观的客观基础，接受相关教育是形成科学世界观和人生价值观的

必要条件，但真正形成科学的世界观和人生价值观，还有待于我们加强自我修养。许多革命前辈和革命先烈之所以具有高尚的精神境界和道德品质，是和他们在长期革命实践中进行艰苦的、不懈的自我修养，牢固树立正确的世界观、人生观和价值观分不开的。革命队伍中的一些人，由于放松自我修养和改造，在世界观和人生价值观上出了问题，经不起金钱和享乐的诱惑，结果走上了腐化、堕落的道路，这方面的教训是值得大学生引以为戒的。

网络所营造的虚拟社会和文化环境需要我们加强自我修养。大学生对网络一般都抱有极为浓厚的兴趣。网络信息丰富，有助于大学生拓宽视野，优化自己的知识结构。但也必须看到，网络文化的“垃圾”对大学生的负面影响也日益凸显出来，需要引起社会的高度重视。在网上，由于人与人之间的交往没有现实社会的约束强，也不需要面对面地交往，上网缺少“他人在场”的压力，“快乐原则”支配着个人欲望，日常生活中被压抑的人性中假、恶、丑的一面，会在这种无约束或低约束的状况下得到释放和宣泄。这就使得道德相对主义有了寄生的土壤，有了发挥消极影响的场所。这无疑需要我们加强思想道德修养，需要主体尊重“游戏规则”，实行道德自律。

## 二、加强大学生思想道德修养的主要内容

第一，综合文化素质。这是关于思想修养的主要内容。综合文化素质是相对于专业素质而言的。现代人才观念有一个基本的立足点：合格的人才在具备相应的专业知识和技能素质的同时，还必须具备其他多方面的文化素质，人才素质应当是全面的、综合型的。全面或综合型的现代人才素质的基本结构，我们可以从两种不同的视角来加以考察。如果从圆的平面视角看它的结构，专业素质即专业知识和技能是圆平面的圆心，撑托这个圆心的是专业素质以外的其他素质。不难理解，没有其他素质，专业素质就失去了作为圆心存在的依据，这样的人才素质结构就不是一个面，而只是一个点了。如果从立体视角看，现代人才的素质结构就是一个金字塔，专业素质是金字塔的塔尖部分，其他方面的素质则

是塔身和塔底，它们是支撑专业素质的基础。没有这个基础，专业素质这个塔尖也就失去了存在的根基，就不可能放出它应有的光芒。实际上，这种圆心和圆面，塔尖和塔身、塔底的关系结构，是一切人才素质结构的基本模式，只不过现代人才的素质结构在这方面的要求更为突出罢了。

提高综合文化素质，体现了党和国家促进受教育者全面发展的教育方针。21世纪初，世界上许多国家都在进行面向21世纪的高等教育改革的探索，其基本着眼点就是如何促进人才的全面发展，包括文化素质的提高。国际上经济和科学技术的竞争，说到底是人才质量的竞争，而人才质量的差别不仅在于人所掌握的专业知识和技能，也在于人的综合素质，其中文化素质居于非常重要的地位。过分强调专业知识的传授和技能的培养而忽视人才素质的全面提高，是很难培养出适应时代要求的新型人才的。

第二，正确的政治观念。马克思主义认为，相对于经济来说，政治是经济的集中表现，其核心是国家政权，通过国家政权的形式集中反映经济制度、经济建设和发展的根本要求。作为社会意识形式，政治是思想理论体系；作为价值观念，政治通常表现为人的素质，包括人的政治理论、政治策略、政治立场、政治态度、政治观念、政治信念、政治情感等。我们这里所说的政治修养，主要是从社会意识形态和价值观念的意义上说的。

大学生加强政治修养，最重要的是要树立正确的政治观念。要认真学习政治理论，关心国家大事，了解国家的政治策略和政策，做一个明白人。要有坚定的政治立场，在任何情况下，在政治上要与党中央保持一致，拥护党和国家重大的政治决策，不迷失政治方向，做一个政治上坚定的人。在重大的政治问题上，要能够辨别真假，分清是非，做一个头脑清醒的人。比如，“法轮功”邪教组织被国家取缔以后，在思想上要能够认清“法轮功”反人类、反科学、反社会的反动本质，不仅要在政治上与“法轮功”划清界限，而且要远离邪教，积极开展反邪教的斗争。要努力培养政治情感，热爱中国共产党，热爱社会主义社会，对社会主义的发展前途抱有坚定的信念，做一个富有政治热情的人。

第三，优良的道德品质。首先，大学生道德修养的内容体现了社会主义社会道德价值的主导方向。任何社会提倡的道德价值都是一个体系，其中必定有一种属于主导性的价值，它体现社会制度的基本要求和社会道德进步的基本方向。社会主义道德的主导价值是为人民服务和集体主义。大学生应当懂得为人民服务的必要性和重要性，做乐于为人民服务的人，应当能够热爱集体、关心集体，做乐于为集体作出贡献的人。其次，是关于社会公德、恋爱道德的修养。大学生应当做遵守社会公德的模范，在社会公共场所要模范地遵守秩序、爱护公物、尊老爱幼、见义勇为。如乘公共汽车要遵守“先下后上”的秩序，在车上要主动给老弱病残者让座，发现坏人要敢于斗争等。大学生正处于青年时期，不少人涉足爱情，这本是无可厚非的。但是，在恋爱的过程中爱情的表达方式是否文明，一般都与道德问题有关。大学生在对待爱情问题上应当加强自我修养，表现出优良的品格和情操。最后，关于职业道德修养。大学教育是就业教育，大学生毕业接着就要走上工作岗位。为了帮助大学生毕业走上工作岗位后能够具备良好的道德品质，有些高校开设了职业道德课程，如教师道德、医务道德、科技道德等，大学生应当认真学习这些课程，把这些课程所涉及的职业道德知识作为自己进行道德修养的重要内容。

第四，健康的审美情趣。大学生是正在接受高等教育的文化人，其审美情趣毫无疑问应当是健康的。审美情趣的修养不同于人们通常所说的审美修养。审美情趣主要由审美意识和审美风格构成，这些都受人的思想水平和道德标准支配。所以，审美情趣的修养本质在于思想道德修养。美的价值在于能够启发人的心智、激发人的情感、陶冶人的情操、培养人的品质。一个人能否认识和把握美的价值，以发展和完善自身，关键在于他的审美情趣。一般说，美可以分为自然美、社会美、艺术美、心灵美和健美等形态。社会美的基本成分是社会的道德风尚和人的道德品质。道德风尚反映当时代的社会发展的实际需要，道德品质体现当时代人们的精神生活需要和追求，无疑都会给人一种美感。所以，在社会美的审美问题上，情趣是否高尚就应当看其对良好的道德风尚和道德品质所持的态度。爱美之心人皆有之，但在什么是美、为什么要爱美、怎样爱美这些问题上，却反映了人的审美情趣和思想道德水准。比如，在对待自然美的问题上，同样是爱美的花草树木、名胜古迹，有的人欣赏、赞美并伴之以爱护、保护的态度，有的人则不是这样，或者攀摘，或者刻上“×××到此一游”。再比如，在对待艺术美的问题上，同样面对一幅美丽的绘画作品，有的人只是欣赏，从中汲取美的营养，有的人却将其撕下来据为己有。这里就有一个审美情趣上的高尚与低下的分野，分野的实质反映了思想道德水准上的差别。《礼记·礼运》曾以赞美的笔调对所谓的“大同世界”作了这样的描绘：“大道之行也，天下为公：选贤与能，讲信修睦；故人不独亲其亲，不独子其子，使老有所终，壮有所用，幼有所长，鳏寡孤独废疾者皆有所养；男有分，女有归，货恶其弃于地也，不必藏于己；力恶其不出于身也，不必为己；是故谋闭而不兴，盗窃乱贼而不作，故外户而不闭，是谓大同。”在封建专制社会里，要构建这样的“大同世界”当然是幻想，但由此我们至少可以看出，古人在社会美的审美问题上，情趣是高尚的。

一般说来，大学生都具有一定的审美能力，在认识上能够分清美与丑，对于祖国山河美、家乡故土美、文学艺术美都有自己的欣赏能力，但仅仅如此是不够的。当代中国正在奋力推进改革开放和社会主义现代化建设事业，人们的思想道德观念正在发生深刻的变化，由于价值观念紊乱、行为失范的现象时有发生，所以真善美与假丑恶并存，这种情况将会在一个相当长的历史时期内存在。因此，大学生还需要提高社会美的审美能力，培养高尚的审美情趣。

教育学家苏霍姆林斯基在说到美的价值时指出：美是道德纯洁、精神丰富和体魄健全的强大源泉，美是一种心灵的体操——它使我们的精神正直、心地纯洁、情感和信念端正。美作为一种精神上的修养和自我教育的有效方式，它可以从情感、智力、道德等多方面培育人，促进人的个性全面、自由、和谐地发展。幸福、完美的人生必然包括审美。加强审美修养，提高审美能力，提高对美的领悟力、鉴赏力，养成高尚、健康的审美情趣，是现代人进行自我修养的重要内容。审美能力是一种善于在社会生活、自然界和文学艺术中发现、欣赏美的能力。提高审美能力可以从加强思想道德修养、提高文化素质、勤于实践、丰富阅历等方面入手。大学生应该重视审美修养，培养正确的审美观念，树立崇高的审美理想，提高审美能力，积极参加各种审美活动，自觉地按照美的规律塑造自己，使自己的内在美和外在美达到和谐统一，以此美化人生、美化社会，创造人类社会生活的美。

## 三、大学生应当具备的道德品质

孝敬父母，尊敬师长。“孝”是中华民族的传统美德。善待父母即为孝。所谓善待，就是尊重，敬爱、赡养父母。作为子女应当感激父母的养育之恩，履行对父母应尽的责任和义务，这是做人的最基本的道德品质。孝是“德之本”，一个人培养自己的道德品质首先要从孝开始。敬是孝的要义。孝要求尊敬父母，在思想感情上热爱双亲。与孝敬父母相联系的是尊敬师长的道德品质。教师是知识的传播者，通过“传道、授业、解惑”把知识奉献给学生，像尊敬长辈那样尊敬老师是中华民族的又一优良道德传统。

谦虚礼让，团结和睦。谦虚是一个人立身处世的基本态度，指的是一种虚心好学和永不自满的进取精神。礼让指语言和行为与人为善，谦逊和恭敬，行为举止合乎礼仪而恰到好处。礼让实际上是尊敬他人的表现。谦虚礼让是大学生基本的道德素质，是一个人有修养、有文化和有学识的标志。谦虚和礼让是相辅相成的，礼让以谦虚为本，谦虚必然表现为礼让。团结和睦也是大学生在处理人际关系时应有的道德品质。在现实生活中，关心人、同情人、帮助人、信任人、尊重人、容忍人、原谅人是团结和睦的具体表现。

勤奋学习，学会学习。大学生的主要任务是学习，勤奋学习、学会学习既是大学生履行社会职责、完成历史使命的根本保证，又是大学生应当具备的一种道德品质。学会学习与勤奋学习是紧密相连的。一般来说，学会学习包括以下几个方面的内容：首先要端正学习动机，保持旺盛的求知欲，真正意识到学习是人类的第一需要。其次要学以致用，把学习与实践结合起来。最后要不断地研究思考，培养自己的思维方式。

律己宽人，诚实守信。律己宽人就是严以律己，宽以待人。“律己”指按照一定的道德准则和行为规范严格要求自己，约束自己。“宽人”指待人心胸开阔，团结友爱。“宽人”并不是指无原则地迁就他人的错误，而是要求对他人的错误提出善意的批评，同时对他人的错误要学会宽容，给人以改正错误的机会。诚实守信就是言行一致，不虚假、不伪装，说话办事实事求是、讲信用、表里如一。讲老实话、做老实人，这是做人的基本道德品质。

公正无私，见义勇为。在我国传统美德中，公正无私历来都是做人的美德之一。它要求一个人做事公平、正直，一视同仁、不徇私情。公正无私是社会主义集体主义道德原则在个人道德品质中的集中表现，是道德品质的最高层次。见义勇为是指为了真理和正义，无所畏惧，英勇斗争的道德品质。在社会主义社会中，十分需要培养见义勇为的道德品质。社会生活中的腐败现象、社会治安问题，需要有人不畏强暴，挺身而出，坚决抵制和进行斗争。大学生更应当在这方面为当代青年树立榜样。

## 第三节　加强大学生思想道德修养的途径和方法

### 一、理论与实践相联系

人类自从有自我修养活动以来，便有两种不同的修养观。一种是脱离社会实践、脱离广大人民群众，只求个人“自我设计—自我完善—自我实现”的修养观，它使人走向自我封闭，最终不能提高和改善人的素质。另一种是引导人们投身社会实践，与广大人民群众打成一片，把提高和改善自身素质与服务社会和人民联系在一起，这便是马克思主义的修养观。中国的革命和建设实践证明，青年知识分子只有坚持马克思主义的修养观，选择积极参加社会实践、走与广大劳动人民相结合的道路，才能在提高和改善自身思想道德素质的同时，保持与社会和人民群众的血肉联系，与社会同进步，与人民同呼吸，成为受人民欢迎的知识分子，从而充分地实现自己的人生价值。

早在20世纪30年代，毛泽东就在纪念五四运动的一篇文章中说道："革命的或不革命的或反革命的知识分子的最后的分界，看其是否愿意并且实行和工农民众相结合。"[①]"全国知识青年和学生青年一定要和广大的工农群众结合在一块，和他们变成一体，才能形成一支强有力的军队。"[②]毛泽东在这里讲的是战争年代青年知识分子与工农相结合的道路同其健康成长之间的必然联系，那时走与工农相结合的道路也就是投身革命战争的社会实践，两者是一致的。今天，青年知识分子仍然必须坚持与工农相结合、积极参加社会实践的"运动方向"，这是大学生健康成才的必由之路，也是大学生进行自我修养的重要途径。我国是人民当家作主的社会主义国家，任何人读书成才的目的都应当是为了建设社会主义现代化强国，在为人民服务的过程中实现自己的人生价值。能否做到这一点，关键要看青年对建设社会主义现代化伟大实践的认识与理解，对广大劳动人民的感情。因此，大学生在读书期间应当注意积极参加社会实践，主动接近劳动人民，虚心向劳动人民学习，加强思想道德方面的自我修养，不仅在读书期间应当这样做，而且在毕业走上工作岗位以后也要坚持这样做，使自己一辈子身处火热的社会实践之中，与劳动人民心连心。

### 二、内省与慎独相结合

内省是指从思想意识、情感态度、言论行动等各个方面去深刻认识自己、解剖自己，从而发现和找出自己心理及行为中的不良念头、不良倾向，并加以及时抑制和克服，提高自己遵守道德准则和规范的自觉性。《论语》中说："吾日三省吾身：为人谋而不忠乎？与朋友交而不信乎？传不习乎？"在孔子看来，自省就是反观自身的精神性反思活动。倘若只

①《毛泽东选集》第2卷，人民出版社1991年版，第559页。

②《毛泽东选集》第2卷，人民出版社1991年版，第566页。

有学习，而没有联系自身品行的反省，这样无助于个人品德的提升。自省即对自己内心的省视，它是一种自律心理，也是一种自觉的自我反省精神。通过自省，深刻反思自己的举止言行、待人接物、为人处世的种种表现，进而作出自我评价，进行自我批评，修正自我行为，达到自我完善。正如苏霍姆林斯基所说，一个人能进行自省，面对自己的良心进行自白，这是精神生活中的最高境界。内省的修养方法以现代生活的视角看，就是我们今天常说的批评与自我批评。

由于受到主客观条件的限制，每个人在学习、工作和生活中出现错误和失误都是难免的。大学生一方面求知欲旺盛，接受新知识新事物能力强，另一方面又年轻气盛，缺乏社会阅历和人生经验，往往容易犯错误。纠正错误，依靠批评和自我批评。批评别人的错误，需要认识别人错误的性质和程度，这样就需要站在对方的立场上去思考，思考的过程实际上也是提高自己认识错误的能力和“免疫”能力的过程。自我批评是一种典型的自我修养活动，勇于开展自我批评有利于培养自己的健康人格。因此，及时开展批评与自我批评以纠正错误，是加强自我修养的重要途径。

不论是批评还是自我批评，最重要的是要批评得正确。所谓正确，包括三层含义：一是目的正确。开展批评和自我批评的目的都是为了总结经验，今后少犯错误或不犯同样的错误。二是根据正确，也就是要言之有据、实事求是。从实际情况看，大学生一般都能做到勇于开展批评，不仅勇于批评别人，而且勇于批评社会。他们批评别人一般是比较注意言之有据、实事求是的，而批评社会由于受到自身阅历的限制往往就不那么实事求是。有些大学生之所以存有“天下皆醉，唯我独醒”的错误认识，不能正确地认识社会，原因正在于此。开展自我批评也应当实事求是，既不要“无限上纲”，也不要“隔靴搔痒”。三是方法正确。讲究方法得当，开展批评时尤其应当注意这一点。要注意批评的对象、时间和场合，具体问题具体对待。

“慎独”是中国古人所采用的一种修身方法。在传统的意义上，它的意思是：一个人在个人独处之际，没有任何的外在监督和控制，也能够高度警惕自己，遵从道德规范，恪守道德准则，自觉地按照社会倡导和推行的道德标准行事而不做坏事。《礼记·中庸》说："君子戒慎乎其所不睹，恐惧乎其所不闻，莫见乎隐，莫显乎微，故君子慎其独也。""慎独"作为一种自觉进行思想道德修养的方法，实行的是自我监督、自我约束。一个人在独处的时候，如果没有强烈的自我监督、自我约束的意识，就很可能放弃社会道德标准去做坏事。刘少奇在谈到共产党员的修养时说过，即使在个人独立工作，无人监督，有做各种坏事的可能的时候，也应该"慎独"，不做任何坏事。这是对"慎独"的现代注解，也指明"慎独"这种方法值得我们继承和发扬。

"慎独"不仅是一种道德修养方法，也是一种崇高的道德境界。一个人能够做到"慎独"，也就表明他的道德品质是高尚的。不论是作为修养的方法还是作为道德境界，"慎独"都具有典型的人格特征，能够做到"慎独"，其人格必定是健康的。作为一种传统，"慎独"强调的实际上是"自我防范"，监督、约束自己不做坏事。今天来理解"慎独"应当赋予它新的内容。不仅要监督、约束自己坚持不做坏事，而且也要监督、约束自己坚持去做好事。在日常生活中，人的一举一动、一言一行不可能时时、处处都受外在力量的监督。作为一名大学生，作为一个主体意识日益增强的现代青年，应经过长期的艰苦的锻炼，努力做到"慎独"。为此，大学生不仅要"慎思"，而且要"慎言""慎行"；不仅要注意从"隐"处下功夫，而且要注意在"微"处下功夫，做到"自重、自省、自警、自律"。"四自"是人生修养的准则，核心是"自律"。唯有自律，才能使外在的社会规范转化为主体的自觉意志和行动；唯有自律，才能"吾日三省吾身"，虚心向先进模范人物学习；唯有自律，才能在任何时候、任何地方，慎独自守，把握自己，防微杜渐，始终保持无产阶级的浩然正气。事实表明，大学生只有很好地实践"慎独"的修养方法，真正使修养成为自我的内在要求，才能逐步达到较高的道德水平和道德境界。

"慎始"一般可作两种理解：一是指在人生发展的阶段上慎重地对待起始阶段所面临的人生课题，力争有一个良好的开端，不至于在此后的人生发展过程中陷入被动。二是指做每一件事情都应当注意有一个正确的起步，防止一失足而成千古恨的事情发生。“慎始而敬终，终以不困”（《左传·襄公二十五年》）。说的是良好的开端对于今后发展的重要性。事实证明，在大学期间学习和成长得不好的学生，一般都与不注意“慎始”有关。

就大学新生的思想道德修养来说，“慎始”同样有上述两种意思。总的来说，要通过加强自身修养，全面认清入学初始阶段自己所面临的学习与发展的各项任务，尽快适应大学新生活，确立新的成才与发展的目标。具体来说，要在上大学之初了解大学，学会学习，学会生活，学会处人，学会在政治、思想和道德方面锻炼成长。比如，做事要从学会做好第一件事开始，学习要从听好第一堂课、学好第一门课开始，等等。如果遇到困难或挫折，甚至犯了错误，就应当认真克服、认真改正，并且要从总结经验、吸取教训做起。这样积少成多、防微杜渐，就会不断进步，最终达到既定的目标，由“慎始”达成善终。

在实际的修养过程中，“慎独”与“慎始”是一致的，两者互相包含，能“慎独”者一般就能“慎始”，反之亦然。因此，作为一种修养方法，在实际的修养过程中应当把两者结合起来。

### 三、自觉向道德模范学习

加强个人品德修养要特别注意自觉向现实生活中的道德模范学习。道德模范是自觉践行社会道德要求的典范，反映了社会发展进步的时代精神。一个道德模范，就是社会上竖起的一个标杆、一面旗帜，就是在群众提倡的一种导向、一种追求。模范人物以自身的道德行为，真实、具体地再现了优秀的道德品质，给人以鲜活、直观的印象，深化了人们对道德力量的理解和认同，构成了个体在道德实践过程中的标准与参照。榜样的力量是无穷的，道德模范的典型形象能够带给人以极大的精神鼓舞与心理感染，对社会良好风尚的形成起着重要的推动作用。

在中国革命和社会主义建设的过程中，无数模范人物以自己高尚的品德和先进的事迹鼓舞、鞭策了一代又一代人。改革开放以来，各个地区、各行各业、各类人群都涌现出一大批先进模范人物。他们有的用自己平凡的举动扶贫助困，让许多人感受到社会大家庭的温暖，用爱和付出奏响了社会和谐的主旋律；有的在死神和灾难面前大义凛然、知险而上，把平安和生机留给他人，用鲜血和生命将灾难和危机化解，展现出了人民至上、他人至上的英雄壮举；有的把困苦留给自己，把幸福送给他人，无怨无悔，彰显了中华文明代代相传的高尚品格。他们虽然事迹不同，但都以自己坚定的理想信念、崇高的精神境界和高尚的道德情操，诠释了社会的主流价值，以对亲人的爱、对国家的忠、对事业的诚来践行和见证生生不息、薪火相传的伟大中华文明，弘扬中华民族的传统美德和中国革命道德传统，印证社会主义道德的丰富内涵，体现改革开放的时代风范。

大学生应当在进行道德修养中自觉开展学习道德榜样的活动，将道德模范人物作为自己心目中的偶像、成长道路上的良师，自觉追求全面发展。

## ■ 实例研讨

伊索奉主人之命来到公共浴室，浴室里面人非常多。他发现不知是谁在浴室门口放了一块大石头，进出的人一不小心就会被石头绊倒，非常碍事，但他们总是咒骂一句放石头的人便转身走开，从没有人动手将这块石头移开。伊索正感到好笑时，突然又看见一个人被绊倒了。那人也骂了一句，可爬起身之后，却动手将石头移开，然后才走进浴室。伊索回去告诉主人说：“今天浴室只有一个人。”主人大喜：“真是好机会，可以舒舒服服地入浴室洗澡了。”可到了浴室，主人却发现里面挤满了人，便责备伊索说谎。伊索把在浴室门口所见的情形告诉主人，说：“我认为只有搬开石头的人才配称得上真正的人。”

请问：伊索看人的标准及其现实意义是什么？

**思考题**

1. 结合学习，谈谈自身的道德品质是怎样形成和发展的。
2. 大学生应从哪些方面加强思想道德修养？
3. 试述“慎独”的主要观点及“慎始”在大学生成才过程中的意义。

# 后　记

2005年，为贯彻落实《中共中央国务院关于进一步加强和改进大学生思想政治教育的意见》和全国加强和改进大学生思想政治教育工作会议精神，充分发挥高等学校思想政治理论课在大学生思想政治教育中的主渠道作用，中宣部和教育部颁发了《中共中央宣传部、教育部关于进一步加强和改进高等学校思想政治理论课的意见》（又称05方案），对本科院校的思想政治理论课的课程设置进行了调整。新的方案将原来的“两课”改为“马克思主义基本原理”“毛泽东思想、邓小平理论和‘三个代表’重要思想概论”“中国近现代史纲要”“思想道德修养与法律基础”四门必修课程。其中，“思想道德修养与法律基础”课是一门融思想性、政治性、知识性、综合性和实践性于一体的课程，专门在大学一年级学生中开设，为大学新生尽快融入大学生活，开始人生新阶段提供理论指导。

为了提高高校思想政治教育专业学生的专业品质，安徽师范大学马克思主义学院充分发挥教师资源优势，将“思想道德修养与法律基础”课一分为二，专门开设了“大学生思想道德修养”“法律基础”两门专业必修课程，这就在相关的教学内容上提高了更高的要求。为此，我们在参照全国通用的部颁教材《思想道德修养与法律基础》（2018年修订版）的基础上，集中整合了与大学生思想道德修养相关的内容，编写了这本《大学生思想道德修养》，以作为我校思想政治教育专业学生的专用教材。在编写过程中，我们还参照了一些相关教材，吸收了其中的有益养料，在此一并致谢！

编　者

2020年7月